# 恵泉女学園大学の オーガニック・カフェ

女子大生が育てて創ったオリジナルレシピ

恵泉女学園大学 著

コモンズ

プロローグ
ようこそオーガニック・カフェへ……6

本書の使い方……8

# Part 1：
# 春から夏に採れた野菜のレシピ

ナスタチウム・ミニトマト・
　ホタテのカルパッチョ………12

干しきゅうりと
　ドライミニトマトの炒め物………13

フランス風サンドイッチ………14

スイスチャードのごまあえ………15

スイスチャード入り夏野菜炒め……15

ノンフライポテトコロッケ………16

バジトマの卵焼き………17

亀さん風鶏のエゴマヨ焼き………18

夏野菜のサラダパフェ………19
　　手作りマヨネーズ

トマトの冷製パスタ………20

バジルご飯………21

モロヘイヤのスープ………22

枝豆のスープ………23

モロヘイヤ水餃子（すいぎょうざ）………24

ジャガイモのすいとん………25

ベジタブルカレー………26
　カレーベース………27
　自家製カレー粉………27

ピーマンとミニトマトの
　ケーキ………29

ミニトマト・チーズ・
　ベーコンのドーナツ………29

ミニトマトの米粉パン
　（おから入り）………29

生姜の焼きおにぎり………30

エゴマの葉の醤油漬け………31

ミニトマトのピクルス………31

きゅうりのピクルス………31

しその実の味噌味常備菜………32

ニラの納豆あえ………33

ミニトマトのねぎだれかけ………33

人参とパプリカのサラダ………35

なすとピーマンの味噌炒め………35

厚揚げのオイスター炒め………35


教育農場の野菜畑………36

〈コラム〉
ベジ・カレーから広がる夢………38

## Part 2：
## 秋から冬に採れた野菜のレシピ

生ハムの水菜巻き………40

里いもと牛肉のトマト煮込み………41

ほうれん草のキッシュ………42

かぼちゃのタルトなしキッシュ……43

プルコギ………44

大根もち………45

スコッチベジタブル………46

チキンサラダローズマリー風味……47

里いもハンバーグ
　ラディッシュのおろし添え………49

里いもとごぼうと厚揚げの煮物……50

簡単恵泉焼き………51

ほうれん草スープ………52

小かぶのスープ………53

白菜と豚肉の生姜はさみ蒸し………54

おいなり三色巻き煮………55

かぼちゃの炊き込みご飯………56

かぼちゃ粥………57

ほうれん草のクレープ………58

ラディッシュの簡単甘酢漬け………59

ラディッシュの漬け物 2種………59

小松菜のピーナッツ白あえ………60

キャベツの千切りハーブ風味………61

ごぼうのおひたし………61

油揚げと水菜のサッと炒め………62

きのこと切り干し大根のサラダ……62

とんぴら………63

ひじきの煮物………63

チンゲン菜の生姜あえ………63

教育農場の野菜と仲間たち………64

〈コラム〉
My Kitchen Garden を夢見て………66

# Part 3：
# デザートも手作りで

ローズマリーとタイムのケーキ………68

ローズマリー入りちんすこう………69

バジルクッキー………70

エゴマクッキー………71

ジンジャークッキー………71

ブルーベリーマフィン………72

赤じそジュース………73

赤じそのゼリー………73

トマトジュレのひんやりデザート……74

ゴーヤスムージー
　（ゴーヤのジュース）………75

かぼちゃのチーズケーキ………76

生姜ホットミルク………76

かぼちゃのアイス………78

さつまいものアイス………78

豆もち風 落花生の
　みたらしあんかけもち………79

【ハーブのある暮らし】
ハーブティー………80

ハーブ入り紅茶………80

ハーブオイル………80

ハーブソルト………81

肉もやし炒めローズマリー風味……81

ジャガイモ炒めバジル風味………81

教育農場の栽培カレンダー………82

野菜素材引きインデックス………84

おわりに………86

## prologue

# ようこそオーガニック・カフェへ

　恵泉女学園大学には「生活園芸Ⅰ」と呼ばれる必修授業（1年生）があります。週に1コマ90分、大学に隣接する教育農場で、有機栽培で野菜をタネから育て、料理して食べる、畑の授業です。恵泉女学園において「園芸」は、「聖書」と「国際」とともに、学園誕生（1929年）時から教育の3本柱として位置づけられてきました。

　生活園芸Ⅰには三つの大きな特徴があります。

　第一に、化学肥料も農薬も一切使用せず、自然の循環を考え、環境への負荷を極力少なくするために、有機農業を実践していること。1994年に有機栽培に転換した教育農場は、2001年に教育機関として初の有機認証を受け、今日ではとても実り豊かな空間となりました。畑で利用する有機質肥料や資材は、地元の畜産農家、造園業者、お米屋さんから譲ってもらい、地域資源の有効活用も図っています。有機農業推進法が制定（2006年）される12年前から、「生物多様性」「共生」「循環」を大切にするオーガニックを実践してきた大学は、他にはありません。

　第二に、授業で学生が育てた野菜を家に持ち帰り、自ら料理して食べるように指導していること。料理をしなくても生活できる便利な現代社会ですから、自分が食べているものと身体や健康との関係に無頓着な学生も少なくありません。そうした学生たちが、自分で育てた有機野菜を持ち帰り、家族と一緒に食べると、両親や祖父母との会話がはずんでうれしかったと言うのです。以前は嫌いだった野菜が食べられるようになったり、料理に関心をもつ学生も出てきます。1年生が終わるころには、多くの学生が食べものを育ててくれた農家や自然の恵みに感謝の気持ちを抱くようになります。

　第三に、園芸の技術を身につけるための専門教育ではなく、人間力を高めるための教養教育として行っていること。自分の食べているものがどのように育っているのか知らない人が増えているなかで、目的を「有機園芸で安全な野菜を育てる＝有機園芸によるいのちを育む体験を通じて、持続可能な環境と社会を担う市民を育てる」としています。これが認められ、「生活園芸Ⅰ」を中核としたプログラムは、2007年に文部科学省の「特色ある大学教育支援プログラム」に選定され、2009年度には第1回「フード・アクション・ニッポンアワード」のコミュニケーション・啓発部門で入賞しました。

2年生以降、園芸の授業は選択科目となります。最初から園芸に関心があった学生だけでなく、生活園芸Ⅰがきっかけとなって、園芸が大好きになったという学生も必ずいます。「生活園芸Ⅱ」は、そんな学生たちのために大切な授業です。

　本書では、1999年～2012年に生活園芸Ⅱを履修した学生が作成したレシピ・カードの中から独創性に富んだもの、簡単に作れるものを選び、紹介します。14年間に履修した学生は約500人です。各レシピには、考案した学生の氏名と履修年度が掲載されています。そのほか、筆者の授業や関連授業で紹介されたレシピ、2010年に地元の東京都南多摩保健所と町田保健所から声をかけていただき、学生有志が生活園芸Ⅱのレシピを参考にして開発した、お弁当に適したおかずも加えました。

　本学には、授業以外の時間に園芸スタッフの指導を受けながら野菜を栽培し、「恵泉やさい」という名称で、学内外で販売をしている学生もいます。また、2012年11月には、「南野オーガニック・カフェ」がオープンしました。学生が作り手（生産者）の想いを伝え、有機農産物のよさを紹介するためにスプリングフェスティバルや学園祭時に開いていたカフェが、「花と平和のミュージアム」の一環として常設されることになったのです。東京産の木を使い、環境にも配慮して改装されたおしゃれなカフェスペースでは、本書に登場するレシピが提供されます。

　さらに、2013年4月には社会園芸学科が新設され、人と人をつなげ、コミュニティを構築する園芸の力を生かした、新しい教育プログラムが展開されていきます。ここでも、「食」は重要な要素です。

　本書を参考にして、オーガニック野菜料理を作って味わうとともに、私たちのオーガニック・カフェにもぜひお出掛けください。

　　　2013年1月

　　　　　　　　　　　　　　　　　　　　　　　　　　　　澤登早苗

## 本書の使い方

### (1) レシピの基本
- 主役は大学の教育農場で採れた旬の野菜。
- 素材の味を生かした簡単料理。
- 化学調味料は使用しない。
- 電子レンジは使用しない。
- 特別に断りがないかぎり材料は2人前、カロリーは1人前。

### (2) 調味料
素材のよさを生かすためには、基本となる調味料が非常に重要です。以下を使用しましょう。

- 塩——自然塩。
- 砂糖——精製されていない、きび砂糖、てんさい糖など(上白糖、三温糖以外のもの)。
- 醤油と味噌——遺伝子組み換えでない大豆を使って発酵させた天然醸造で、アルコール添加されていないもの。
- 酢——醸造酢。
- みりん——本みりん。
- 油——オリーブ油以外は、できるだけ国産材料を使って搾ったもの。

### (3) 計量の仕方

#### ■ 計量スプーン
大さじ(1杯15cc)と小さじ(1杯5cc)を使用します。

#### ■ 計量カップ
1カップは200ccとしました。ただし、炊飯用カップは180ml(1合)なので、注意してください。また、水以外は、あくまでも目安です。味見をして、味を調整する習慣をつけましょう。

#### ■ 手ばかり——自分の手を使う
塩ひとつまみは約小さじ1/12杯、三本指でつまむと小さじ1/5杯、四本指でつまむと小さじ1/4杯になるとされています。これらも目安で、指の太さ、塩の種類や状態で異なります。計量スプーンを用いる場合も、自分で味をみながら調整する習慣をつけましょう。

### (4) 野菜の扱い方
ジャガイモ、人参、ごぼうは、たわしでしっかり洗えば、皮をむく必要はありません。

ラディッシュやサニーレタスなどは、プランターでも簡単に栽培できます。

### (5) 野菜の季節(旬)
本書では大学の教育農場で栽培している野菜の収穫時期をもとに、主役となる野菜によって「春〜夏」「秋〜冬」に分類しました。栄養価は、露地(屋外)で本来の栽培期間に育てられた旬の野菜がもっとも高くなります。

いまでは、ほとんどの野菜が1年中店頭に並ぶようになったため、旬がわからない人が増えてきました。温室栽培や長距離輸送は、環境に対する負荷が高くなります。健康でエコな暮らしを行うためにも、地元(少なくとも国内)で採れた旬の野菜を利用しましょう。

## （6）野菜の切り方

■ 輪切り

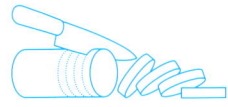

■ 小口切り

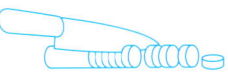

■ 斜め切り

■ 半月切り

■ いちょう切り

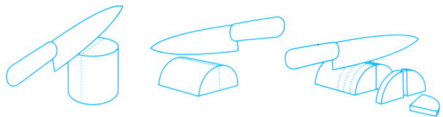

■ くし形切り

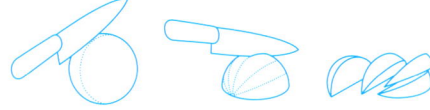

■ 千切り

■ みじん切り

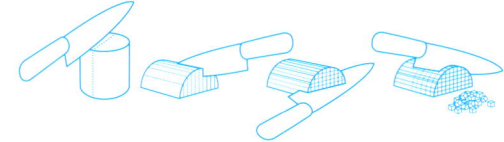

■ 乱切り

## （7）だしの取り方

さまざまなだしの素が市販されていますが、健康や食文化を考えると手作りすることが大切です。基本を覚えれば、意外に簡単。定期的に作り、1週間分を冷蔵しておくと便利です。

■ かつおだし

① 鍋に水または湯2カップを入れ、煮立ったら火を弱めて、かつお節（うす削り）10gを入れる。
② もう一度煮立ちかけたら火を止め、網などで手早くこす。

■ 昆布だし

① 鍋に水2カップと昆布5cm角2枚を入れ、10～15分おく（時間がなければ省いてもよい）。
② 鍋を火にかけ、強火で煮立たせる。昆布の表面に小さな泡がつき、ゆらりと揺れ出したら弱火にし、2～3分たったら、火を止め、昆布を取り出す。
＊取り出した昆布を細切りにし、醤油とみりんで味をつければ、佃煮になる。

■ 煮干しだし

① 煮干しの頭と腹をとり、厚手の鍋でから煎りする。
② ①に水を入れ、煮立てて7～8分したら火を止め、アクと煮干しを取り出す（水1カップに対して、煮干し1～2本の割合）
＊①をミキサーで粉末にしてビンに入れ、冷蔵庫で保存しておくと便利。

## （8）プロの料理人直伝、べんり醤油

■ かつお節味

熱湯を通したビンに醤油を200cc入れ、かつお節5ｇ前後（小袋なら1袋）を入れる。お浸しや炒め物など、もう一味ほしいときの仕上げに用いると便利。冷蔵庫で10日程度保存可能。

■ 昆布味

熱湯を通したビンに醤油を200cc入れ、昆布5cm角1枚をつけておく。煮物やあえ物など、もう一味ほしいときに少し加えると、ぐーっと味がよくなる。冷蔵庫で10日程度保存可能。

## （9）知っていると便利

■ 広口ビンの熱湯殺菌・ビン詰め方法

ピクルスやジャムなどは、熱湯殺菌したガラス製の広口ビンに入れて保存しましょう。市販食品の空きビンを用いる際は、ラベルを取り除き、ビンもふたも丁寧に洗浄した後、以下の手順で殺菌・ビン詰めします。

① 殺菌したいビンを横にして入れられる大鍋に、水をたっぷり入れて沸騰させる。
② ビンとふたを入れ、再び沸騰するまで強火にかけ、沸騰したら5分以上煮沸する。
③ 火を止め、ビンを熱いまま取り出し、きれいなふきんに伏せて水分を切り、すぐに食材を詰めて、ふたをきつく閉める。

お湯から取り出したビンやふたは下向きに置くこと。上向きに長く置くと、雑菌が入ってしまう。
④ 食材を詰めたビンは、さかさまにして冷えるまで置いておく。
⑤ 冷めると体積が減ってビンのふたがへこみ、密封状態となる。

■ 野菜に合った保存方法を

冷蔵庫に入れると、傷んでしまう野菜や果物があります。野菜の性質を知って、それぞれの個性に合った方法で貯蔵しましょう。

① いも類は冷蔵庫が苦手

さつまいも、里いも、ジャガイモなどは、低温が苦手です。とくにさつまいもは、低温に長く当たると腐りやすくなります。温度が10℃以下にならない場所で保存しましょう。

② 葉物は立てて低温貯蔵を

野菜は収穫後も生きていて、呼吸しています。葉物野菜は立てて保存することで、呼吸によって葉の表面から放出される熱が逃げ、長持ちします。ほうれん草、チンゲン菜、水菜などは、新聞紙などに包み、冷蔵庫などの低温で、立てて貯蔵しましょう。

\* 料理の難易度は、3段階で表しました。
　▶▷▷　初心者でも簡単にできる
　▶▶▷　簡単にできる
　▶▶▶　手間や時間がややかかる

# 春から夏に採れた野菜のレシピ

授業で栽培できる野菜の種類は限られています。
夏休み期間中に収穫適期を迎える野菜も栽培しません。
野菜の種類は少なくても
提出されるレシピは多種多様、
さまざまなアイディアが出てきます。
4月～7月に教育農場で収穫した野菜を使った
レシピを紹介しましょう。

237kcal | Level ▶▷▷

ナスタチウムはハーブの一種です。花や茎が大きく美しく、畑が華やかになります。私はほんのりとしたさわやかな香りが大好きです。カルパッチョのほかに、サンドイッチに使うのもおすすめです。

奥野早也香（2009年度）

自分で育てたものだから、工夫して使いました

# ナスタチウム・ミニトマト・ホタテのカルパッチョ

■ 材料
ナスタチウムの葉　6枚
ミニトマト　4～5個（50～60g）
生食用ホタテ　約100g
塩　少々
飾り用の緑の葉（スイートバジルなど）　適量
A：オリーブ油大さじ3、塩小さじ1/2、酢大さじ2、こしょう少々、甘酢らっきょう5個→細かくきざむ、レモン汁大さじ1

■ 作り方
① ホタテは水気をクッキングペーパーでふき、半分の厚さに切る。
② ミニトマトは熱湯にくぐらせて皮をむき、さいの目に切って塩をふり、下味をつける。
③ ナスタチウムは小さくちぎる。
④ Aをボウルに入れて混ぜ、①と③を加えて、さらに混ぜる。
⑤ ④を皿に盛り、上にミニトマトをのせ、スイートバジルなど緑の葉を飾る。

39kcal　Level ▶▶▷

ドライにすると野菜の味がひきたちます
# 干しきゅうりと
# ドライミニトマトの炒め物

■ 材料
きゅうり　1本半（生で約200ｇ）
ミニトマト　4個（50ｇ）
長ねぎ　8cm（25ｇ）
ごま油　小さじ1/2
A：砂糖小さじ1/2、醤油小さじ1

■ 作り方
① きゅうりは7〜8mmの斜め薄切りにしてザルに並べ、ときどき引っくり返しながら、天日に半日〜1日半干す。
② ミニトマトは半分に切ってザルに並べ、天日に半日〜1日干す。切り口をザルに軽くたたきつけ、種を少し取り出してから干すと、早く乾燥する。
③ 長ねぎは3〜4mmの小口切りにする。
④ ①を水洗いして、軽くしぼる。
⑤ フライパンにごま油をひいて熱し、③を炒め、②と④を加えて、手早く炒める。
⑥ Aを混ぜ合わせて⑤に加え、手早く混ぜて火を止める。
⑦ 味をみて、必要があれば塩（分量外）をふる。

北川みどり（講師）

色の鮮やかさがオシャレ
# フランス風サンドイッチ

 238kcal | Level ▶▷▷

### ■ 材料
スイスチャードの若い葉　2枚(60g)
　(赤と緑など色が異なるものを1枚ずつ)
バジル　4枚
ルッコラ　2枚
ミニトマト(大)　1個(20g)
フランスパン　20cm程度
マスタードかマヨネーズ　適量
塩　ひとつまみ
こしょう　少々
オリーブ油　小さじ1

### ■ 作り方
① フランスパンを軽く焼き、2つに切ってから斜めに切り込みを入れ、好みでマスタードかマヨネーズをぬる。
② ボウルにスイスチャード、バジル、ルッコラをちぎって入れ、塩、こしょう、オリーブ油を加えて混ぜ合わせる。
③ ミニトマトは、4枚にスライスする。
④ ②と③をフランスパンにはさむ。

佐藤美和(2011年度)

スイスチャードの和名は西洋フダンソウ(不断草)。鮮やかな色が特徴で、病害虫に強く、栽培しやすいです。真冬を除き、ほぼ1年中収穫できるため、キッチンガーデンにはぴったり。若い葉は生でも食べられるが、大きい葉は火を通しましょう。

🍳 110kcal | Level ▶▷▷

ごまとの相性ぴったり
## スイスチャード のごまあえ

■ 材料
スイスチャード5枚（150g）、白ごま大さじ3
砂糖小さじ1½、醤油大さじ1

■ 作り方
① 白ごまをすり鉢ですり、砂糖と醤油を入れて、よく混ぜる。
② 沸騰した湯にスイスチャードを入れ、2～3分ゆでる。このとき茎を指でつまんでみて、軟らかくなっていたらOK。
③ ②を流水で冷やし、水をしぼった後、長さ3cmに切り、①であえる。

🍳 193kcal | Level ▶▷▷

別名は「夏のほうれん草」
## スイスチャード 入り夏野菜炒め

■ 材料
スイスチャード3枚（90g）、なす（中）1本（70g）、ピーマン（中）1個（40g）、豚ひき肉100g、塩少々、醤油大さじ1、ごま油大さじ1

■ 作り方
① なすとピーマンを長さ3～4cmに細く切る。
② フライパンにごま油大さじ1/2をひいて熱し、ひき肉を強火で炒める。軽く火が通ったら、いったん取り出しておく。
③ フライパンに残りのごま油をひいて熱し、①を強火で炒める。
④ ③に3cmに切ったスイスチャード、②の順に加え、強火で炒める。
⑤ 火を弱め、塩と醤油で味を調える。

宮川桂子（2011年度）

高柳亮子（2009年度）

油を使わないから後片付けが簡単

# ノンフライポテトコロッケ

■ 材料(4個分)
ジャガイモ(中) 3個(450g)
ベーコン 4枚(60g)
バター 10g
生クリーム(牛乳で代用可) 小さじ1
溶き卵 1/3個分
パン粉 大さじ5(25g)
塩 小さじ1/2
こしょう 少々

■ 作り方
① ジャガイモは皮のまま、ひたひたの水でゆでる。竹串が通るようになったら火を止め、ザルにあげて冷ます。
② ベーコンを細かく切り、フライパンでカリカリになるまで炒める。
③ ①の皮をむき、フォークの背でつぶし、②、バター、生クリームを加えて、混ぜる。
④ ③を塩・こしょうで味付けし、4等分して形を整え、溶き卵にくぐらせて、パン粉をまんべんなくまぶす。
⑤ ②で使ったフライパンで、両面に軽く焼き色がつくまで焼く。

＊ 好みでトマトケチャップや中濃ソースをかけてもよい。

森島有紀(2000年度)

150kcal | Level ▶▷▷

色あいがカワイイ
# バジトマの卵焼き

■ 材料
ミニトマト　6個（80g）
卵　2個
バジル　4〜5枚
塩麹　小さじ2
ごま油　大さじ1

■ 作り方
① ミニトマト3個は角切り、バジルはみじん切り（一部は飾り用に取っておく）にする。
② 溶きほぐした卵の中に①を入れ、塩麹を加えて、よく混ぜる。
③ フライパンにごま油をひいて熱し、②の1/3の量を入れる。
④ 卵の表面に火が通ってきたら、フライ返しで奥から手前へ巻き込む。巻いた卵はフライパンの奥に寄せる。
⑤ ②の残りの1/2を④に入れ、卵液をフライパン全体に広げる。このとき、巻いた卵の下にも卵液が入るようにする。
⑥ ⑤を繰り返し、焼いた卵を広げた部分にくるくると巻き込む。
⑦ 焼き色が薄い場合は、卵を返して焼き色をつける。
⑧ まな板に取り出して6等分に切り、皿に盛り付け、飾りのバジルとミニトマトを添える。

荒井祐子（2012年度）

397kcal | Level ▶▶▷

> えごまの上にマヨネーズを線状にかけると、亀のように見えるので、この名前をつけました。
> 鳥澤香純（2012年度）

エゴマの代わりに、しその葉でもOK
# 亀さん風鶏のエゴマヨ焼き

■ 材料
鶏もも肉　1枚（180g）
エゴマの葉　4枚
スライスチーズ　4枚
マヨネーズ　適宜
ごま油　小さじ1

■ 作り方
① フライパンにごま油をひいて熱し、半分に切った鶏肉を中火で中に火が通るまで焼く。
② アルミホイルに①を置き、マヨネーズ、スライスチーズ、エゴマの葉、マヨネーズの順にのせる。
③ ②をオーブントースターで4～5分焼く。
④ チーズがトロッとしたら出来上がり。

野菜だって、お洒落に盛り付け
# 夏野菜のサラダパフェ

■ 材料（1人分）
人参　1/4本（50g）
サニーレタス　6枚（90g）
ミニトマト　1½個（20g）
ゆで卵　1/2個分
パンの耳　4本
〔ドレッシング〕
　酢　大さじ3
　マヨネーズ　大さじ3
　塩・こしょう・おろしにんにく　少々

■ 作り方
① ドレッシングの材料を混ぜ合わせる。
② 人参は千切りにする。パンの耳はトーストして2本は長いまま残し、2本は1.5cm角に切る。
③ 卵はゆでて、みじん切りにする。
④ 大きなグラスに、ちぎったサニーレタス、②の人参と1.5cm角に切ったパンの耳、サニーレタスの順に重ねて入れる。
⑤ トッピングに、ミニトマト、③、②のパンの耳を刺すようにして飾る。
⑥ 手作りマヨネーズかハーブドレッシングで、いただく。

加藤芳美（2002年度）

130kcal　Level ▶▷▷

ステックミキサーがあれば手軽で簡単
# 手作りマヨネーズ

■ 材料
卵1個、サラダ油200cc
塩小さじ1、酢小さじ2

■ 作り方
① すべての材料を深めの容器に入れ、ステックミキサーで撹拌する。
② 洗浄したガラスビンに入れる。

＊冷蔵庫で1週間程度は保存できます。

295kcal　Level ▶

401kcal | Level ▶▷▷

> バーミセリなど極細パスタが合います。ドライミニトマト(→P13)を使っても美味しくできます。

暑い夏はトマトとバジル

# トマトの冷製パスタ

### ■ 材料
パスタ　170g
中玉トマト　4〜5個(120g)
にんにく　1かけ(10g)
バジル　4〜5枚
オリーブ油　大さじ2
塩　小さじ1
こしょう　少々

### ■ 作り方
① 大鍋にたっぷりの湯をわかし、沸騰したら塩大さじ1(分量外)を入れて、パスタをゆでる(ゆで時間は袋の指示に従う)。
② トマトは4つ切り、バジルはみじん切り(一部は飾り用に取っておく)にする。
③ フライパンにオリーブ油大さじ1、薄切りにしたにんにくを入れ、弱火で炒める。
④ ③を冷ましてボウルに入れ、オリーブ油大さじ1、②、塩、こしょうを入れる。
⑤ ゆであがったパスタを冷水で冷まし、水気を切って④と混ぜ合わせ、飾りのバジルを添える。

加藤みずき(2000年度)

731kcal | Level ▶▶▷

> ナンプラー（魚醤）は魚を発酵させて作った醤油。タイではどんな料理にも使う調味料です。日本では、しょっつる（いしる、いしり）が似ています。

バジルが主役、本場仕込みのタイ料理
# バジルご飯

■ 材料
バジル　10〜20枚
玄米ご飯　茶わん2杯分（300g）
牛肉（薄切り）　200g
唐辛子　1本
にんにく　1かけ（10g）
砂糖　小さじ1/2
ナンプラー　小さじ1½
オイスターソース　小さじ1
ごま油　小さじ3

■ 作り方
① 牛肉は一口大に切り、唐辛子とにんにくは細かくきざむ。
② 中華鍋にごま油を入れて熱し、唐辛子、にんにくを加え、中火で香りがたつまで炒める。
③ ②に牛肉を加え、強火で肉の色が変わるまで炒める。
④ ③に砂糖、ナンプラー、オイスターソースを加えて、混ぜる。
⑤ 中火にして④にバジルを加えて軽く炒める。
⑥ お皿に玄米ご飯と⑤を盛り付け、バジルの葉か穂を飾る。

＊辛いのが苦手の人は唐辛子を少なめに。玄米の代わりに白米でもよいです。

ロスコン・ドゥアンコータ（2000年度）

ミネラルたっぷりで夏バテ防止

# モロヘイヤのスープ

 125kcal | Level ▶▶▷

■ 材料
モロヘイヤ　100g
米　20g
水　2.5カップ(500cc)
コンソメ　1個
牛乳　1カップ(200cc)
塩・こしょう　少々

■ 作り方
① 鍋に水とといだ米を入れ、米が完全に軟らかくなるまで煮る。
② 別の鍋に湯を沸騰させ、モロヘイヤを入れて1〜2分下ゆでし、大きめに切る。
③ ①に②を入れ、モロヘイヤがトロトロになるまで煮る。
④ ③を30秒〜1分ミキサーにかける。
⑤ ④を鍋に移し、弱火〜中火で温めながらコンソメを入れ、溶けたら牛乳を加えて、沸騰直前で止める。
⑥ 塩・こしょうで味を調える。

＊冷やして飲んでも美味しいです。

平 睦未(2001年度)

夏はやっぱり冷たいスープ
# 枝豆のスープ

🍴 576kcal | Level ▶▶▷

### ■ 材料
枝豆(サヤから取り出したもの)　80g
玉ねぎ(中)　1/2個(100g)
水　1カップ(200cc)
コンソメ　1個
生クリーム　180cc
塩　少々
オリーブ油　大さじ2

### ■ 作り方
① 枝豆は水洗いし、一部は飾り用に取っておき、残りは塩をまぶす。
② 玉ねぎは薄切りにする。
③ フライパンにオリーブ油をひいて熱し、②を中火で焦がさないようにアメ色になるまで炒める。
④ ③に水とコンソメを入れ、一煮立ちさせる。
⑤ ①と④を1分程度ミキサーにかける。
⑥ ⑤を鍋に移し、生クリームを加えて塩で味を調え、一煮立ちさせる。このとき飾り用の枝豆も一緒にゆでる。
⑦ 粗熱をとり、冷蔵庫で約2時間冷やす。
⑧ 器に盛り付け、枝豆を飾る。

小俣奈々(2012年度)

🍳 655kcal | Level ▶▶▶

皮も手作り、緑が鮮やか
# モロヘイヤ水餃子(すいぎょうざ)

■ 材料(32個分)
〔皮〕
モロヘイヤ　60g
強力粉　2.5カップ
〔具〕
ニラ　10g
キャベツ　3枚
豚ひき肉　120g
もやし　5g
生姜　1/2かけ(5g)
にんにく　1/2かけ(5g)
ごま油　小さじ1/2
塩　少々
こしょう　少々
醤油　小さじ1/2

石橋恵里(2002年度)

■ 作り方
〔皮〕
① モロヘイヤを2～3分ゆで、水を切って、トロトロになるまでミキサーにかける。
② ①をボウルに移して強力粉を少しずつ加え、耳たぶくらいの固さになるまでこねる。
③ ②を濡れふきんに包み、20分置く。
④ ③を直径4cm程度の棒状に伸ばして、包丁で幅2cmくらいに切り、円状に伸ばす。
〔具〕
① ニラは5mm程度の長さに切り、キャベツはみじん切りにしてボウルに入れ、塩をふっておく。
② ①の水気を切ってボウルに戻し、豚ひき肉、もやし、みじん切りにした生姜・にんにく、ごま油、塩、こしょう、醤油を加えて、よく混ぜる。
〔餃子〕
① 皮の中央に具を置き、ふちを重ね合わせるようにして包む(具を入れすぎない)。
② 鍋に湯を沸騰させ、①を入れ、浮き上がってくるまでゆでる。
③ 酢、醤油、ラー油を2:2:1で合わせたタレにつけていただく。

🍴 267kcal | Level ▶▶▷

主役はジャガイモ団子
# ジャガイモのすいとん

■ 材料
ジャガイモ(中) 1個半(約200g)
大根(中) 3cm(100g)
人参 1/4本(50g)
ごぼう 1/4本(50g)
鶏もも肉 100g
しめじ 50g
長ねぎ 1/4本(50g)
昆布 1枚(5cm角)
片栗粉 大さじ2〜3
水 1.2ℓ
塩 小さじ1
醤油 大さじ1

■ 作り方
① 鍋に水を張り、昆布を入れて中火で加熱する。
② 大根と人参はいちょう切り、ごぼうは皮を包丁の背でそぎ、斜め薄切りにする。
③ 沸騰したら昆布を取り出し、一口大に切った鶏もも肉、ごぼう、人参、大根、しめじの順で入れて、塩、醤油を加え、中火で煮込み、具が軟らかくなったら火を止める。
④ ジャガイモをおろし金でおろし、目の細かいザルなどに入れて、軽くしぼって水気を切る。
⑤ ④に片栗粉をまぶしてよく混ぜ、スプーンですくってだ円形の団子状にする。
⑥ ③を火にかけ、沸騰したら⑤を入れ、一煮立ちさせる。
⑦ 火を止め、小口切りにした長ねぎを加え、器に盛り付ける。

内藤寛美(2007年度)

646kcal Level ▶▶▶

澤登ゼミ(福島応援カレー、2011年度)

野菜だけでもボリュームたっぷり
# ベジタブルカレー

■ 材料
玉ねぎ(中)　1/2個(100g)
小かぶ(中)　1個(100g)
かぼちゃ　30g
人参　1/2本(100g)
ブロッコリー　1/2株(50g)
カレーベース　2カップ強
生姜　1/2かけ(5g)→みじん切り
　　　1/2かけ(5g)→すりおろす
にんにく　1かけ(10g)→みじん切り
オリーブ油　大さじ1
塩　大さじ1
こしょう　少々
ガラムマサラ　小さじ1～2
玄米ご飯　茶わん2杯分(300g)

■ 作り方
① 玉ねぎ、小かぶの実、皮をむいて種とわたを取り出したかぼちゃ、人参は乱切りに、かぶの葉は3cmに切る。
② ブロッコリーは食べやすい大きさに切り、茎も輪切りにし、かぶの葉と一緒に塩(分量外)ゆでする。
③ 厚手の鍋にオリーブ油をひいて熱し、生姜とにんにくのみじん切りを入れ、玉ねぎを加えて強火で炒める。
④ 残りの野菜をかぼちゃ、人参、かぶの順で入れ、塩・こしょうを入れて、カリッとなるまで炒める。
⑤ カレーベースを④に加え、水1カップを入れ、様子を見ながら水を足して、弱火で約5分煮込む。
⑥ 仕上げに、ガラムマサラやすりおろし生姜を好みで加えて、混ぜる。
⑦ 皿に盛り付けた後②を加える。

＊玉ねぎ以外は旬の野菜(なす、ピーマン、大根、ジャガイモ、山いも、里いもなど)に代えられます。野菜をたっぷり摂る目安は1人あたり150g。また、ヨーグルトや牛乳を加えると、辛みがまろやかになります。

263kcal Level ▶▶▶

スパイスから作る本格派
# カレーベース

■ 材料(8人分、約8カップ)
玉ねぎ(中) 4個(800g)
クミンシード 小さじ4(8g)
生姜 6かけ(60g)→みじん切り
にんにく 6かけ(60g)→みじん切り
自家製カレー粉 大さじ3強(35g)
ルバーブジャム 大さじ10
トマト缶(400g) 2缶
ローリエ 4枚
りんご 1個(300g)→すりおろす
人参 1本(200g)→すりおろす
塩 大さじ1
味噌 小さじ2
水 5カップ(1000cc)
こしょう 少々
オリーブ油 大さじ6

＊ルバーブジャムはマーマレードや果実ジャム、チャツネで代用可。

■ 作り方
① みじん切りにした玉ねぎをフライパンで強火で空いりして、水分を飛ばす。
② 鍋にオリーブ油をひき、クミンシード、生姜、にんにくを加え、強火で香りがたつまでしっかり炒める。このとき、焦がさないように気をつける。
③ ②に①と塩を加え、中～強火でアメ色になるまでよく炒める。
④ ③に自家製カレー粉を加え、水を3～4回に分けて入れて、のばす。
⑤ ④にルバーブジャム、トマト缶、ローリエを加え、一煮立ちするまでは強火で、その後は中火で、焦がさないようにかき混ぜながら煮込む。
⑥ ⑤にすりおろしたりんごと人参を加え、味噌、塩(分量外)・こしょうで味を調える。

＊小分けして冷凍保存しておけば、とても便利です。

Level ▶▶▶

カレーの基本はここにあり
# 自家製カレー粉

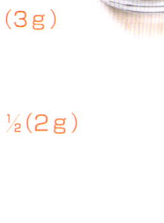

■ 材料(20人分：出来あがり88g) 
ターメリック 大さじ3(24g)
コリアンダー 大さじ3(15g)
フェンネル 大さじ1(5g)
シナモン 小さじ2(4g)
オールスパイス 小さじ2(3g)
フェネグリーク ┐
クローブ　　　├ 小さじ1(3g)
ナツメグ　　　┘
ディル　　　　┐
カルダモン　　├ 小さじ1½(2g)
セージ　　　　│
オレガノ　　　┘
チリペッパー　┐
スターアニス　├ 小さじ1(2g)
タイム　　　　│
ブラックペッパー┘
オリーブ油 大さじ1

■ 作り方
① 材料のスパイスをすべて混ぜ合わせる。
② フライパンにオリーブ油をひいて熱し、焦がさないように注意しながら、中火で5～6分炒める。
③ よく冷ましたら、密封したビンに入れて保存する。

＊約1週間熟成させると、より美味しくなります。
＊まとめて作って冷凍保存すれば、いつでも使えます。
＊辛さが苦手な場合はチリペッパーを入れずに混ぜ、調理時に少しずつ入れて味をみてください。

ターメリック 　コリアンダー 　フェンネル 　シナモン

オールスパイス 　フェネグリーク 　クローブ 　ナツメグ

ガラムマサラ 　ディル 　カルダモン 　セージ　オレガノ

クミンシード 　生姜 　にんにく 　ローリエ 　チリペッパー 　スターアニス 　タイム 　ブラックペッパー

## 1

野菜の甘みを味わう

# ピーマンとミニトマトのケーキ

🍳 186kcal/個　Level ▶▶▷

■ **材料(2個分)**
ピーマン(中)　1個(40g)
ミニトマト　3個(40g)
チーズ　15g
薄力粉　50g
ベーキングパウダー　小さじ1/4
牛乳　3/4カップ(150cc)
溶き卵　1/5個分

■ **作り方**
① ピーマンは種を取り除いて1cm角に、ミニトマトは半分に、チーズは1cm角に切る。
② ボウルにふるった小麦粉とベーキングパウダー、牛乳、溶き卵を入れて混ぜ、生地を作り、半量ずつ2つのボウルに分ける。
③ 1つのボウルにピーマンと半量のチーズを加えて混ぜる。
④ もう1つのボウルにミニトマトと残りのチーズを加えて混ぜる。
⑤ ③と④をそれぞれ型へ流し込み、180℃に温めたオーブンで15〜20分焼く。

＊ベーキングパウダーはアルミニウムフリー(不使用)のものを使用しましょう。

白木愛佳(2010年度)

## 2

油で揚げないから、サッパリ

# ミニトマト・チーズ・ベーコンのドーナツ

🍳 252kcal/個　Level ▶▶▷

■ **材料(3個分)**
ミニトマト　6個(80g)
チーズ　20g
ベーコン　3枚
バジル　適量(ドライでも代用可)
薄力粉　80g
ベーキングパウダー　小さじ1/2
卵　1個
オリーブ油　大さじ1
塩・黒こしょう　少々

■ **作り方**
① ミニトマト、チーズ、ベーコンは、1cm角に切る。
② ボウルに卵を溶きほぐし、①とオリーブ油、塩、黒こしょうを入れて混ぜる。
③ ②に細かくきざんだバジルを適量入れて、混ぜる。
④ ③にふるった小麦粉とベーキングパウダーを入れ、粉っぽくなくなるまで混ぜる。
⑤ 天板の上に、スプーンなどを用いて、④をドーナツ型に成形して並べる。
⑥ 180℃に温めたオーブンで⑤を20分程度焼く。

鷲尾綾香(2010年度)

## 3

野菜入りのヘルシーパン

# ミニトマトの米粉パン(おから入り)

🍳 139kcal/個　Level ▶▶▷

■ **材料(6個分)**
ミニトマト　5個(65g)
りんご　1/2個(150g)
バター　大さじ1(12g)
砂糖　40g
シナモン　少々
おから　100g
米粉　70g
牛乳　2/5カップ(80cc)
オリーブ油　小さじ2
塩　少々

■ **作り方**
① りんごをいちょう切りにする。
② 鍋にバターを入れて中火にかけ、①、砂糖、シナモンを加えてときどき混ぜながら、りんごが透明になるまで煮る。
③ ミニトマトを半分に切り、中の種を取り除き、実がつかるくらいの量の水を加えてミキサーにかけ、ピューレ状にする。
④ ②と③をボウルに入れ、おから、米粉、牛乳、オリーブ油、塩を加えてこねる。
⑤ ピンポン玉くらいの大きさに丸める。
⑥ 180〜190℃に温めたオーブンで20〜25分焼く。

原田優希(2009年度)

325kcal Level ▶▷▷

お夜食にぴったり
# 生姜の焼きおにぎり

■ 材料(2〜3個分)
米　1合
生姜　1/2かけ(5g)
鰹節　10g
酒　小さじ1/2
醤油　小さじ1
ごま油　小さじ1

■ 作り方
① 米を炊く。
② 炊きあがったご飯に、すりおろした生姜、鰹節、酒、醤油を入れて、よく混ぜる。
③ ②を適量取り、ラップで包んでおにぎりを作る。
④ フライパンにごま油をひいて熱し、中火で③を焼き、表面に焦げ目をつける。

藤井咲恵(2011年度)

183kcal Level ▶▷▷

ご飯にとても合う韓国キムチの定番
# エゴマの葉の醤油漬け

### ■ 材料
エゴマの葉　10枚
調味料A：酒小さじ1、醤油小さじ4、水小さじ2
調味料B：すりおろし生姜小さじ1、すりおろしにんにく小さじ2、砂糖小さじ1、白ごま小さじ1、粗挽き唐辛子小さじ2、ごま油小さじ3、きざみねぎ大さじ1

### ■ 作り方
① エゴマの葉は洗って、水気を切る。
② Aを合わせて鍋に入れ、沸騰させ、沸騰したら火を止める。
③ ボウルにBと②を入れ、砂糖が溶けるまで混ぜる。
④ ふた付容器に①を入れ、③を加えて漬け込む。
⑤ 1時間ほど漬ければ出来上がり。

石井春佳（2011年度）

86kcal Level ▶▷▷

未熟な緑色果実でも美味しい
# ミニトマトのピクルス

### ■ 材料
ミニトマト　15～20個（250g）
砂糖　大さじ2
塩　小さじ1
酢　200cc

### ■ 作り方
① 砂糖、塩、酢を合わせる。
② 洗って表面の水分をふき取ったミニトマトを①に漬ける。
③ 密閉容器に入れ、7～10日漬け置く。

中込 彩（2010年度）

170kcal Level ▶▷▷

最盛期に作っておきたい
# きゅうりのピクルス

### ■ 材料
きゅうり　7～8本（1kg）
水　5カップ（1ℓ）
塩　100g
甘酢液：酢400cc、砂糖大さじ5（50g）、唐辛子2本、ローリエ2枚、粒こしょう10粒、クローブ5粒

### ■ 作り方
① きゅうりは縦に4つに切り、長さ3～4cmに切る。
② ボウルに①を並べて10％の塩水を加え、軽い重石をして1晩置く。
③ 唐辛子は5mmの小口切りとする。
④ 甘酢液の材料を鍋に入れて一度煮立て、冷ます。
⑤ ②を取り出し、③を加えて、④に漬け込む。

＊2週間たてば食べられます。熱湯殺菌した広口ビンで漬け込めば、冷蔵庫で長期保存もOK。
＊＊きゅうりが大きくなりすぎたときにもおすすめ。

澤登早苗（教員）

31

353kcal | Level ▶▷▷

おにぎりの具、お弁当ご飯のふりかけに便利！

# しその実の味噌味常備菜

### ■ 材料
しその実（穂じそ）　2カップ(80ｇ)
ごま油　大さじ1
砂糖　大さじ2
醤油　大さじ1
味噌　大さじ2
唐辛子　1～2本→みじん切り
生姜　小さじ1(汁)
ごま　大さじ1

### ■ 作り方
① 穂じそを洗って、水気をふき取る。
② フライパンにごま油をひいて熱し、①を中火で
　 さっと炒め、砂糖、醤油、味噌を加える。
③ ②に唐辛子のみじん切りを加える。
④ ③に生姜汁を加え、よく混ぜて、火を止める。
⑤ 最後にごまを加えて、さらに混ぜる。

＊冷蔵庫で1カ月以上保存OK。

緒方啓子（2011年度）

🍳 66kcal | Level ▶▷▷

🍳 133kcal | Level ▶▷▷

もう一品ほしいときに
# ニラの納豆あえ

■ 材料
ニラ　15g
納豆　40g
ミニトマト　1個(10～15g)
塩　小さじ1
ごま油　小さじ1
醤油　適量
辛子　適量

■ 作り方
① ニラは長さ5cmに切って、塩とごま油を加えた鍋で中火で2～3分ゆで、冷ます。
② ボウルに納豆と辛子を入れ、よく混ぜて粘りを出す。
③ ②に①、一口大に切ったミニトマト、醤油を加えて、よくあえる。醤油の量は、味をみながら調整する。

浅岡朋子(2003年度)

切って混ぜるだけ
# ミニトマトの
# ねぎだれかけ

■ 材料
ミニトマト　10個(130g)
長ねぎ　10cm(30g)
ごま油　大さじ2
塩　小さじ1/4
こしょう　少々

■ 作り方
① ミニトマトは半分に切る。
② 長ねぎはみじん切りにする。
③ ごま油、塩、こしょうを混ぜ合わせる。
④ ①に②をのせ、③をかける。

山家　望(2010年度)

# お弁当にも野菜をたっぷり使いたい 春夏編

生活習慣病を予防するために 1日 350g を摂ろう

1
野菜 80g
塩分 0.4g

2
野菜 90g
塩分 0.7g

3
野菜 70g
塩分 1.1g

🍳 54kcal | Level ▶▷▷

色鮮やかでサッパリ味

## 1 人参とパプリカのサラダ

■ 材料
人参　1/2本(100g)
パプリカ(赤・黄)　各1/5個(30g)
オリーブ油　小さじ1強
砂糖　小さじ2/3
酢　小さじ4
レモン汁　小さじ2/3
塩・こしょう　少々

■ 作り方
① 人参は厚さ2～3mmのいちょう切り、パプリカは種を取り除いて縦に切り、5mm幅の斜め切りにする。
② ①をさっとゆでる。
③ オリーブ油、砂糖、酢、レモン汁、塩、こしょうを合わせて①に加え、あえる。

🍳 105kcal | Level ▶▷▷

夏野菜料理の定番

## 2 なすとピーマンの味噌炒め

■ 材料
なす(大)　1本(120g)
ピーマン(大)　1個(60g)
豚ロース赤肉　35g
A：味噌小さじ2、砂糖小さじ2、お湯大さじ2→あらかじめ合わせておく
ごま油　小さじ2

■ 作り方
① なすは厚さ5mmのいちょう切り、ピーマンは種を取り除いて縦に切り、5mm幅の斜め切りにする。
② 豚肉は細切りにする。
③ フライパンにごま油をひいて中火で熱し、②を炒める。
④ ③の色が変わったら①を加え、強火で2～3分炒める。
⑤ ④にAを加え、さらに中火で2～3分炒める。

🍳 118kcal/個 | Level ▶▶▷

植物性タンパク質がしっかり摂れる

## 3 厚揚げのオイスター炒め

■ 材料
厚揚げ　1/5枚(40g)
豚ロース赤肉　20g
さやいんげん　5本(40g)
ゆで筍　1/4本(30g)
パプリカ(赤)　1/5個(30g)
生椎茸(大)　2枚(40g)
オイスターソース　大さじ1
酒・砂糖・醤油　少々
菜種油　小さじ2

■ 作り方
① さやいんげんは熱湯で約3分ゆでる。
② 豚肉は細切りにする。
③ 厚揚げは一口大に切り、筍は乱切り、赤ピーマンは種を取り除いてくし切り、しいたけは二等分する。
④ フライパンに菜種油をひいて中火で熱し、②を入れて火が通るまで炒める。
⑤ ④に筍としいたけを入れて炒め、火が通ったら、厚揚げ、赤ピーマン、①を加える。
⑥ ⑤にオイスターソース、酒、砂糖、醤油を加えて、2～3分炒め合わせる。

＊これらは、平成22年度南多摩保健医療圏 課題別地域保健医療推進プラン「健やかな食生活のための環境整備事業」の一環として、本学の学生有志が東京都の南多摩保健所と町田保健所と協働で考案したレシピです。

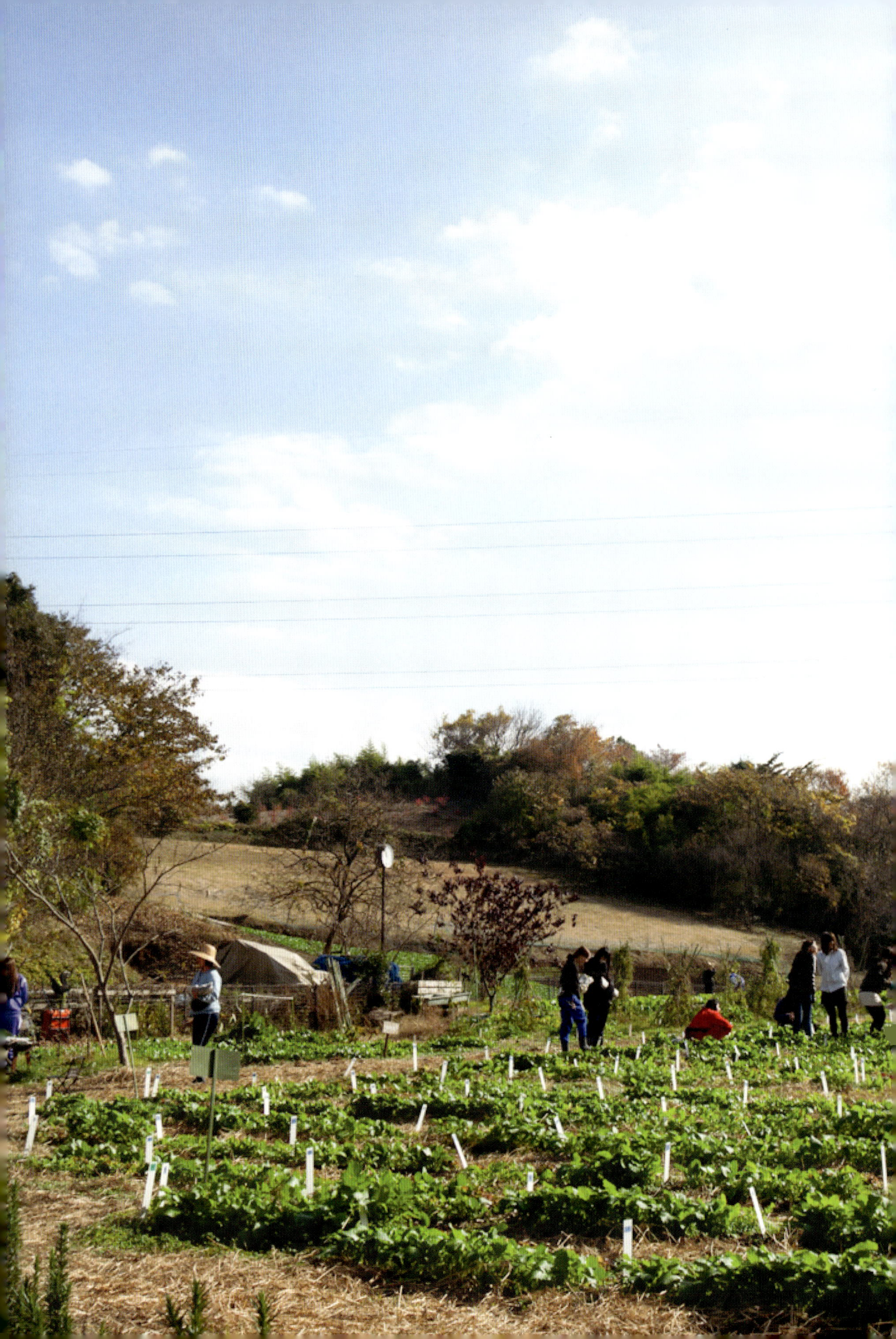

## 教育農場の野菜畑

多摩丘陵の面影が残る町田市北部丘陵の一角にある教育農場。
総面積約70aの畑では、化学肥料や農薬がいらない
有機農業を1994年から実践しています。
1年生が育てる野菜は、ジャガイモ、きゅうり、
里いも、白菜、大根、ほうれん草、サニーレタスなど
年間10品目以上です。
2年生になると、その数はぐんと増え、
冬には落ち葉を集めて堆肥づくりも。
果樹やハーブ類に加えて、さまざまな生きもの、
多様な命に出会うことができるこの畑では、
雑草も土を育む大切な役割を担っています。
そして、学生たちは、畑に通うなかで
里山の四季折々の変化を肌で感じ、
こう体感しているようです。
「世の中に無駄なものは一つもない」
「すべての命に生きている意味がある」
「畑に来ると、なぜかホッする」

# ベジ・カレーから広がる夢

　ベジタブルカレー（→ p26）は、2011年3月の福島原発事故によって深刻な被害を受けている福島の有機農業者を応援したいという想いから生まれたレシピです。

　事故後、放射能汚染の実態調査も始まっていないなかで、福島産農産物は危険であるという話だけが広がり、震災前に収穫された農産物まで売り上げが大幅に落ち込みました。そこで、そうした現状を一人でも多くの人に知ってほしいと考え、2011年5月末に大学で「福島を想うプロジェクト＠恵泉」を開催。その際、前年に収穫された福島産のお米と山いもなどをたっぷり使った「福島応援カレー」を出しました。南野オーガニック・カフェではその後も、放射能不検出の福島産農産物の販売や、それらを使ったカレーの提供を続けていて、いまでは定番のメニューとなっています。

　本格カレーに欠かせないのはスパイス類。調合済みのカレー粉を使えば簡単だけど、せっかくだから数種類のスパイスを組み合わせて自家製カレー粉を作ることにしました。さらに、本学が長期フィールドスタディプログラム（FS）を行っているタイのチャンマイでスパイスを入手しようと計画。毎年8月～12月に10名前後の学生がチェンマイ大学に滞在し、NGO、有機農家、山地民族の村などで体験学習を行う長期FSで、生産者から直接スパイスを入手する仕組みをつくりたいと思っています。この「恵泉オリジナル・フェアトレード・スパイス」を使ったカレーが、私たちの夢です。

　大学内に誕生した「南野オーガニック・カフェ」（→ p7）は学生主体で運営し、地域に開かれたコミュニティ・カフェとしていく予定。すでに、本学と関係が深いフェアトレード・オーガニックの食品（コーヒー、オリーブ油、マスコバド糖、塩、国産緑茶・紅茶、ジャムなど）も販売しています。

　もうひとつ実現したいのが、恵泉やさい、地域の有機農産物、卒業生が作った有機農産物を使った料理の提供と、ファーマーズマーケットの開催です。

　新規就農し、有機農業に励む卒業生も誕生しました。今後も、オーガニックを通じて、本当に豊かな暮らし、誰もが幸せに暮らせる社会をめざしていきます。

「福島を想うプロジェクト＠恵泉」では福島の有機農業者を招き、原発事故による被害状況をうかがいました。

2012年11月の大学祭で、福島の有機農業者の生産物を販売する学生。自分で野菜を育てた経験があるからこそ、有機農家の深刻な状況に深く共感し、行動できるのです。

**Part 2**

# 秋から冬に採れた野菜のレシピ

春学期よりも多くの種類の野菜が収穫できる秋学期。
学生が、自分たちの野菜を生かしたいと
工夫をこらしてレシピを作成したことを
少しでも感じていただけたら幸いです。
9月下旬〜1月に教育農場で収穫した野菜を使った
レシピを紹介しましょう。

316kcal | Level ▶▷▷

特別の日は、ちょっと豪華に
# 生ハムの水菜巻き

■ 材料
生ハム　12枚
水菜　150g
豆板醤ソース：手作りマヨネーズ
（→P19）大さじ1、醤油大さじ1、すりおろしにんにく小さじ1/2、豆板醤（→P44）小さじ1/4

■ 作り方
① 水菜を長さ10cm程度に切る。
② 生ハムを広げ、水菜を斜めに置き、端からしっかり巻く。
③ ②を3等分に切り、一口サイズにする。
④ 豆板醤ソースの材料をすべてよく混ぜ、つけダレを作る。

＊好みのドレッシングにつけて食べても美味しいです。

小池公美子（2010年度）

183kcal | Level ▶▶▷

1日たっても、また美味しい
# 里いもと牛肉のトマト煮込み

■ 材料
里いも(小)　3個(100g)
玉ねぎ(大)　1/4個(70g)
牛肉(薄切り)　50g
生姜　1/2かけ(5g)→細かくきざむ
にんにく　1/2かけ(5g)→細かくきざむ
トマト缶(カットしたもの、400g)　1缶
水　1/2カップ(100cc)
菜種油　大さじ1/2
砂糖　2つまみ
塩　3つまみ
こしょう　少々

■ 作り方
① 里いもは皮をむいて一口大に、玉ねぎはくし形に切る。
② 鍋に菜種油をひいて熱し、生姜とにんにくを入れて中火で炒め、香りを出す。
③ 玉ねぎ、一口大に切った牛肉の順に②に入れ、焦げないように気をつけながら中火で2〜3分炒める。
④ ③に①を加えて軽く炒め合わせ、水を加えて、里いもに火が通るまで中火で煮る。
⑤ 里いもに火が通ったらトマト缶を加え、砂糖、塩、こしょうで味を調える。
⑥ 鍋にふたをして、弱火で10〜15分煮込む。

石垣景子(2002年度)

379kcal | Level ▶▶▷

餃子の皮で包めばカンタン
# ほうれん草のキッシュ

■ 材料（5個分）
ほうれん草　1/2束（100g）
玉ねぎ（大）　1/8個（35g）
ベーコン　4枚
卵　1個
クリームチーズ　40g
餃子の皮　10枚
バター　10g
オリーブ油　少々
塩　2つまみ
こしょう　少々

小林弘美（2000年度）

■ 作り方
① ほうれん草は軽くゆでて水にとり（浸し）、水気を切って、細かく切る。玉ねぎとベーコンは、みじん切りにする。
② 卵を溶きほぐして、塩・こしょうする。
③ フライパンにバターを溶かし、ベーコン、ほうれん草、玉ねぎの順に加えて中火で炒め、塩・こしょうする。
④ ③に②とクリームチーズを加え、クリームチーズが溶けるまで、混ぜながら中火で炒める。
⑤ 餃子の皮の中央に④をのせ、ふちに水をつけてもう1枚の皮をかぶせ、フォークでふちを押さえて、留める。
⑥ ⑤の表面にオリーブ油を軽くぬり、表面に焼き色がつくまで、トースターで2～3分焼く。

217kcal Level ▶▶▷

タルトの代わりに、容器に入れて
# かぼちゃのタルトなしキッシュ

■ 材料
かぼちゃ(中)　1/6個(約170g)
牛乳　1/4カップ(50cc)
卵　2個
生クリーム　大さじ1
塩　小さじ1/4
こしょう　少々
バジル　3〜4枚

■ 作り方
① かぼちゃは皮をむいて種とわたを取り出し、蒸し器に入れて軟らかくなるまで蒸す。軟らかくなったら、押しつぶす。
② ①に牛乳、溶きほぐした卵、生クリームを混ぜ合わせ、塩・こしょうする。
③ 直径20cm程度の浅めの耐熱容器に、②を流し込む。
④ 180℃に設定し、10分予熱したオーブンに入れて、約30分焼く。竹串がすっと通り、表面に焼き色がついたら、出来上がり。
⑤ 上にバジルを飾る。

岡田奈央子(2008年度)

430kcal | Level ▶▶▷

作り方はシンプル、だからこそ野菜の味がしっかり味わえます。そして、ご飯がすすみます。

高柳亮子(2009年度)

### 韓国に行けなくてもお家で簡単
# プルコギ

■ 材料
牛肉　150g
人参　1/2本(100g)
チンゲン菜　1株(100g)
ニラ　1/2束(50g)
(好みで)豆腐　適量
もやし　1/2袋(50g)
甜面醤(テンメンジャン)　大さじ1.5
豆板醤　小さじ1/2
ごま油　大さじ1
塩・こしょう　少々

■ 作り方
① 牛肉は繊維に直角に幅5mmに細切りする。人参は千切り、チンゲン菜とニラは長さ5cmに切る。
② フライパンにごま油をひいて熱し、牛肉を強火で炒める。
③ 牛肉に火が通ったら、人参、チンゲン菜の茎、もやし、チンゲン菜の葉、ニラの順で炒め、甜面醤と豆板醤を加えて、強火で全体がしんなりするまで炒める。
④ 塩・こしょうで味を調え、火を止める。

＊味が濃かったり辛いと感じた場合は、豆腐を少し入れると、まろやかになります。なお、甜面醤は甘い練り味噌、豆板醤は唐辛子味噌です。

🍴 229kcal | Level ▶▶▷

あつあつを召し上がれ

# 大根もち

### ■ 材料(5cm角のもの6枚分)
大根(中) 3cm(100g)
干し椎茸 1枚
干しえび 1/6カップ(5g)
長ねぎ 10cm(30g)
レタス 適量
上新粉 50g
ぬるま湯 70cc
ごま油 大さじ2
塩・こしょう 少々
つけダレ：酢大さじ1、醤油大
　さじ1/2

### ■ 作り方
① 大根は皮をむき、繊維に沿って千切りにし、軟らかくなるまで約5分煮る。
② ①が冷めたら、水気をしぼる。
③ 水で戻した干し椎茸と干しえび、長ねぎをみじん切りにする。
④ ボウルに上新粉を入れ、ぬるま湯を少しずつ加えながら練り、②、③、塩・こしょうを加えて混ぜる。
⑤ ④を6等分し、それぞれを均等な厚み(目安は約5mm)になるように伸ばす。
⑥ フライパンにごま油をひいて熱し、⑤を入れて焼き色が少しつくまで焼く。
⑦ レタスをしいた器に盛り付け、タレをつけていただく。

溝口 史(2000年度)

🍳 244kcal | Level ▶▶▶

> スコッチエッグの卵を野菜に代えて、ヘルシーかつ野菜が苦手な人でも食べやすいようにしました。油で揚げず、色あいを考えてブロッコリーを使用しました。他にもいろいろな野菜で代用できます。
> 米川さゆり（2009年度）

卵の代わりにブロッコリー
# スコッチベジタブル

### ■ 材料
豚ひき肉　100g
ブロッコリー　30g
玉ねぎ（中）　1/4個（50g）
とろけるチーズ　10g
パン粉　20g
小麦粉　大さじ1
オリーブ油　大さじ1
ナツメグ　少々
塩・こしょう　少々

### ■ 作り方
① 玉ねぎをみじん切りにして、ひき肉と合わせ、塩、こしょう、ナツメグを入れて、よく練る。
② フライパンにオリーブ油をひいて熱し、衣用のパン粉を入れ、中火できつね色になるまで炒める。
③ ブロッコリーは下ゆでして、水気をよく切り、長さ3cmに切る。
④ ③に小麦粉（分量外）をまぶし、①でボウル型に包む。このとき、小さくちぎったとろけるチーズも入れる。
⑤ ④を水で溶いた小麦粉、②の順につけて、180℃に温めたオーブンで約20分焼く。

米川さゆり（2009年度）

458kcal Level ▶▶▷

## ハーブの香りがひきたつ
# チキンサラダローズマリー風味

■ 材料
鶏もも肉　300g
ほうれん草　1/2束(100g)
ミニトマト　2個(25g)
にんにく　1かけ(10g)
ローズマリー　5cm
片栗粉　大さじ1
オリーブ油　大さじ1
塩　小さじ2
こしょう　ひとつまみ
揚げ油　適量

■ 作り方
① 一口大に切った鶏肉を塩・こしょうし、すりおろしたにんにくと茎からはずしたローズマリーの葉、オリーブ油を加え、約1時間、浸しておく。
② ①に片栗粉をつけ、180℃の油でから揚げにする。
③ ほうれん草は長さ約5cmに、ミニトマトはくし形に切る。
④ ほうれん草の上に、油を切った②をのせ、ミニトマトを添える。
⑤ 好みのドレッシングや手作りマヨネーズ(→p19)でいただく。

智田初音(2002年度)

229kcal | Level ▶▶▶

里いもは、日本で栽培されているもっとも古い野菜のひとつです。消化がよく、栄養価が高く、和食だけでなく洋風料理にも合います。

碇 俊美(2008年度) ☆ 髙橋真理(2012年度)

意外な組みあわせ、でも美味しくて美しい

# 里いもハンバーグ ラディッシュのおろし添え

■ 材料
里いも(中) 2個(140g)
豚ひき肉 100g
ごぼう 5cm(20g)
人参 3cm(20g)
長ねぎ 3cm(10g)
しめじ 1/8パック
イタリアンパセリ 適量
塩 2つまみ
酢 小さじ1/4
醤油 小さじ1/4
こしょう 少々
菜種油 大さじ1

■ 作り方
① 里いもは皮のまま約10分蒸し器で蒸した後、皮をむき、フォークの背などでつぶす。
② 皮を包丁の背でそいだごぼう、人参、長ねぎは、みじん切りにする。しめじは長さ約5mmに切る。
③ ボウルに豚ひき肉と①、②、調味料を入れ、材料がよく混ざって粘りが出るまでこねる。
④ ③を2等分して丸くまとめ、両手で厚さ約15mmのだ円形に整える。
⑤ フライパンに菜種油をひいて熱し、④を入れ、中火で両面を5分ずつ焼く。
⑥ ⑤のまん中を軽くへこませ、強めの中火で両面を30秒ずつ焼く。
⑦ 弱火にして、ふたをして⑥を5分程度焼く。楊枝をさしてみて、肉汁が出てこなくなったら、火を止め、器に盛る。
⑧ ⑦にラディッシュのおろしをかけ、イタリアンパセリなど緑のものを飾る。人参の葉を使ってもよい。

# ラディッシュのおろし

■ 材料
ラディッシュ 5個
醤油 大さじ1
だし汁(→P9) 大さじ1
(好みで)七味唐辛子 適量

■ 作り方
① ラディッシュをおろし金でおろす。
② 醤油とだし汁を加える。
③ 七味唐辛子を好みでかける。

真夏と真冬を除き、1年中、プランターでも簡単に栽培できるラディッシュ。サラダだけでなく、甘酢漬にしたり、おろしたり、いろいろ楽しめます。

293kcal | Level ▶ ▶ ▷

だし汁のとり方さえマスターすれば簡単
# 里いもとごぼうと厚揚げの煮物

■ 材料
里いも(中)　2個(140g)
ごぼう　1/4本(50g)
厚揚げ　1枚
さやいんげん　適量
だし汁(→P9)　1/2カップ(100cc)
酒　大さじ1/2
みりん　大さじ1/2
砂糖　大さじ1
醤油　大さじ3

■ 作り方
① 里いもは皮をむき厚さ7mm〜1cmの輪切りにし、塩でもんで、ぬめりを軽く洗い流す。
② ごぼうは皮を包丁の背でそぎ、斜め薄切りにし、水にさらしてアクを抜く。
③ 厚揚げは幅1cmに切る。
④ 鍋に①と②、油抜きした③を入れ、だし汁、酒、みりん、砂糖、醤油を加え、ふたをして中火で約15分、里いもに串がすっと入るまで煮込む。
⑤ 器に盛り、斜め切りにしたさやいんげんを飾る。

瀬崎 茜(2009年度)

478kcal | Level ▶▷▷

冬の間も収穫できるレタスを温かい料理に使えないかと考えました。しんなりしてしまったレタスもお好み焼に入れると、シャキシャキした食感が楽しめます。
藤井咲恵(2011年度)

野菜の歯ごたえと香りがあって美味
# 簡単恵泉焼き

■ 材料
葉物野菜(レタス、ルッコラ、水菜など旬のもの)　150g
小麦粉　2カップ(200g)
だし汁(→P9)　1½カップ(300cc)
卵　1個
ごま油　大さじ1

■ 作り方
① 葉物野菜を細かくきざむ。
② 小麦粉にだし汁を加えて、ダマ(かたまり)がなくなるまでよく混ぜる。
③ ②に溶きほぐした卵を加え、①を入れて、よく混ぜる。
④ フライパンにごま油をひいて熱し、中火で③を両面がこんがりするまで焼く。
⑤ お好み焼き風にウスターソースをかけたり、チヂミ風につけ汁をつけて、いただく。

＊葉物野菜がたくさん採れたときや、冷蔵庫に長く入れてしなしなになってしまったときに、おすすめです。

448kcal | Level ▶▶▷

> 繊維質やビタミンを豊富に含んだ旬の野菜をスープにすると、たっぷり量を摂ることができます。

寒い冬はやっぱりこれ
# ほうれん草スープ

### ■ 材料
ほうれん草　1/2束(100g)
バター　15g
小麦粉　大さじ1
牛乳　2カップ(400cc)
塩・こしょう　少々

### ■ 作り方
① ほうれん草をさっとゆでて、細かくきざむ。
② 鍋にバターを溶かして熱し、①を中火で炒める。
③ 小麦粉を少しずつ②に加え、混ぜる。
④ 牛乳を少しずつ③に入れて、のばす。
⑤ ほうれん草が軟らかくなるまで弱火で煮込み、塩・こしょうで味を調える。

大塚 茜(2000年度)

69kcal | Level ▶▶

ときには趣きをかえて
# 小かぶのスープ

■ 材料
小かぶ(中)　1個(100g)
玉ねぎ(中)　1/2個(100g)
コンソメ　2個
水　1½カップ(300cc)
牛乳　1/2カップ(100cc)
塩・こしょう　少々

■ 作り方
① 小かぶ(葉の一部は飾り用に取っておく)、みじん切りにした玉ねぎ、コンソメ、水を鍋に入れて、小かぶが軟らかくなり、玉ねぎが透明になるまで中火で煮る。
② ①が冷めたら牛乳を加え、つぶつぶがなくなるまで約30秒ミキサーにかける。
③ こし器で②をこし、鍋に入れて中火で約3分温め、沸騰直前で弱火にして、塩・こしょうで味を調えてから火を止め、みじん切りにした小かぶの葉をちらす。

織田順子(2004年度)

🍳 163kcal | Level ▶ ▶ ▷

意外にカンタン
# 白菜と豚肉の生姜はさみ蒸し

■ 材料
白菜(葉)　2〜3枚(100g)
豚バラ肉(薄切り)　80g
生姜　1かけ(10g)
(好みで)
ポン酢、醤油、柚子こしょうなど　適量

■ 作り方
① 白菜は長さ5cmに切り、生姜は千切りにする。
② 鍋に白菜と豚肉を交互に重ね、層を作っていく。
③ 鍋いっぱいにしき詰めたら、生姜を上にのせ、ふたをして中火で約10分蒸す。
④ ポン酢、醤油、柚子こしょうなどお好みで味付けして、いただく。

(左座美来(2011年度))

🍳 204kcal | Level ▶▶▶

ちょっとひと手間かけて
# おいなり三色巻き煮

### ■ 材料
油揚げ　2枚
小松菜　1/2束(150g)
人参　1/4本(50g)
ゆで筍　1/2本(60g)
片栗粉　小さじ1
だし汁(→P9)　1カップ(200cc)
酒　大さじ1½
みりん　大さじ1½
醤油　大さじ1½

### ■ 作り方
① 油揚げを正方形に開き、熱湯をかけて油抜きする。
② 小松菜は固めに塩(分量外)ゆでした後、水をしぼって油揚げの長さにあわせて切る。人参と筍は千切りにする。
③ ①の内側の面に薄く片栗粉をふり、②を並べ、芯にして巻く。巻き終わりに片栗粉(分量外)を多めにつけて、しっかりくっつける。うまくつかない場合は楊枝(ようじ)で仮留めするとよい。
④ 鍋にだし汁、酒、みりん、醤油を入れ、一煮立ちさせてから③を入れ、落としぶたをして弱火で約10分煮る。
⑤ 食べやすい大きさに切り、残った煮汁に水溶き片栗粉(→P56、分量外)を加えてとろみをつけ、かけていただく。

落としぶたは、軽い具材が浮かないようにしたり、味をしみ込みやすくするために、行います。アルミホイルを鍋の大きさにカットし、中心に穴を開けても代用できます。

杉山えりか(2003年度)

451kcal | Level ▶▶▶

澤 真由美(2004年度)

あんをたっぷりかけて召し上がれ
# かぼちゃの炊き込みご飯

■ 材料
米　1合
かぼちゃ(中)　1/4個(250g)
水　8カップ(1.6ℓ)
あん：だし汁(→P9) 1カップ
　　(200cc)、酒大さじ1/2、醤
　　油大さじ4、水溶き片栗粉(片栗
　　粉を同量の水で溶く) 大さじ4

■ 作り方
① かぼちゃは皮をむいて種とわたを取り出し、7mm角に切る。
② 米をとぎ、1時間置いてから水と一緒に、土鍋など底が厚くてふたがきちんとできる鍋に入れ、ふたをして強火で煮る。
③ 沸騰したら火を弱めて20分煮込み、①を入れてふたをし、さらに10分煮込む。
④ 別の鍋にだし汁、酒、醤油を入れ、水溶き片栗粉でとろみをつける。
⑤ ③を器に盛り、④をかけていただく。

217kcal | Level ▶▶▷

曺 昭映（2009年度）

留学生直伝の身体にやさしい韓国粥

# かぼちゃ粥

■ 材料
もち米粉　大さじ4
かぼちゃ(中)　1/2個(500g)
水　3カップ(600cc)

■ 作り方
① もち米粉を水100ccに入れて混ぜる。
② かぼちゃは皮をむいて種とわたを取り出し、一口大に切り分け、軟らかくなるまで鍋でゆでる。種は飾り用に適量取っておく。
③ ②を裏ごし器やざるなどで裏ごしする。
④ 鍋に水500ccと③を入れ、中火で沸騰直前まで煮る。
⑤ ④に①を加え、一煮立ちさせる。
⑥ 器に盛り、中央にローストしたかぼちゃの種を飾る。

＊③で裏ごしをする代わりに、④で用いる水500ccに②を入れてミキサーにかけ、なめらかになったら鍋に移して、中火で煮てもよい。

404kcal | Level ▶▶▶

ほうれん草が1度にたくさん手に入ったときは、ゆでて小分けにして、冷凍保存しておきましょう。ちょっと一品ほしいときに便利です。

冷凍しておけば、いつでも作れる
# ほうれん草のクレープ

■ 材料
ゆでたほうれん草　30g
旬の野菜　適量
卵　1個
牛乳　約2/3カップ（130cc）
薄力粉　100g
バター　30g
菜種油　適宜

■ 作り方
① ゆでたほうれん草をミキサーにかけて、ボウルに取り出す。
② 別のボウルに卵と牛乳1/3を入れて混ぜる。
③ ②に薄力粉と残りの牛乳を交互に数回に分けて加え、しっかり混ぜる。
④ ①と③を混ぜ合わせる。
⑤ 約1時間室温でねかせた後、溶かしたバターを加える。
⑥ フライパンに菜種油を薄くひいて熱し、おたまで④約1杯を流し入れ、弱火で焼く。色がついたら、裏返して同様に焼く。
⑦ 旬の野菜など（ここでは、卵焼き、ゆでたほうれん草（分量外）、リニーレタス、バターで炒めたしめじと小かぶ）を入れて巻いたり、ブルーベリージャムなどのフルーツジャムやアイスクリーム（→P78）を添えていただくと、何通りにも楽しめる。

＊①〜④までミキサーを使ってもOK。ただし、すべて一度に入れずに、順番どおり入れましょう。

大日方淳子（2002年度）

🍳 41kcal | Level ▶▷▷

酢を加えると鮮やかな色に
## ラディッシュの簡単甘酢漬け

■ 材料
ラディッシュ　5〜6本
酢　1カップ（200cc）
砂糖　30〜60ｇ

■ 作り方
① ラディッシュは、大きいものは一口大に切る。小さいものは、そのままでよい。
② 酢と砂糖を鍋に入れ、中火にかける。
③ ぐつぐつしてきたら火を止め、①を入れる。

＊すぐに食べるとほんのり甘く、よく漬けてから食べると酸っぱく甘い味がします。冷蔵庫で7〜10日くらい保存できます。

（古谷 梓（2009年度））

🍳 30kcal | Level ▶▷▷

自分で育てたものだから、すべて使いたい
## ラディッシュの漬け物 2種

■ 材料
ラディッシュ　10本
昆布　5cm角
塩　小さじ1/2
ゆずの皮　1/2個分

■ 作り方
① ラディッシュは根と葉に分ける。
② 根は昆布と一緒に塩をまぶして1日置く。
③ 葉は長さ5mmくらいにきざみ、千切りしたゆずの皮と一緒に塩をまぶして1晩置く。
④ ②と③を別々の器に盛る。

＊塩を使いすぎないように気をつけてください（とくに葉の部分）。冷蔵庫で7〜10日くらい保存できます。

（清水愛希代（2000年度））

🍞 289kcal | Level ▶▶▶

ときにはひと手間かけて作りたい
# 小松菜のピーナッツ白あえ

■ 材料
小松菜　1/3束(100g)
人参　1/4本(50g)
こんにゃく　1/2袋
絹豆腐　1/2丁
A：砕いたピーナッツ大さじ1、
　　すりごま大さじ2
B：砂糖大さじ1、醤油大さじ1、
　　ごま油小さじ1、だし汁(→P9)
　　大さじ1
C：砂糖大さじ2、酒大さじ1、
　　塩ひとつまみ、醤油小さじ1

■ 作り方
① Aをフライパンで軽く炒り、冷ましてからすり鉢でする。
② こんにゃくは太めの千切り(一口大)にし、さっと熱湯にくぐらせる。
③ 鍋に湯を沸かし、太めの千切りにした人参を入れて沸騰するまでゆで、取り出す。
④ ③の鍋に小松菜を入れ、同様にゆでて冷水にさらし、水をしぼったあと一口大に切る。
⑤ Bを鍋に入れて火にかけ、②を入れて中火で少し煮つめた後、③と④を加えて一煮立ちしたら、火を止めて冷ましておく。
⑥ 絹豆腐をゆで、ザルで水を切ってから、すり鉢ですりつぶす。
⑦ ⑥にCを入れ、⑤を加えて混ぜ合わせて器に盛り、①をかける。

小山絢子(2010年度)

🍳 191kcal | Level ▶▷▷

🍳 54kcal | Level ▶▷▷

シンプルなのに、すごく美味しい
## キャベツの千切りハーブ風味

■ 材料
キャベツの葉(中)　3枚(180g)
フレンチドレッシング：米酢大さじ1、オリーブ油大さじ3、塩小さじ1/2、こしょう少々
ローズマリー　5cm
タイム　10cm

■ 作り方
① 米酢、オリーブ油、塩、こしょうをボウルに入れ、泡立て器で混ぜ、フレンチドレッシングをつくる。
② ローズマリーは茎から葉をはずし、タイムは長さ2cmに切る。
③ ①と②をびんに入れて、冷蔵庫で一晩ねかせる。
④ キャベツを千切りにし、③をよく混ぜてからかけ、さらによくかき混ぜる。

＊③をよく混ぜるのは、酢とオリーブ油が分離しているためです。

和田絵美(2002年度)

意外や意外
## ごぼうのおひたし

■ 材料
ごぼう　1/4本(50g)
砂糖　大さじ1
酢　大さじ1
醤油　大さじ1½
すりごま　少々

■ 作り方
① ごぼうの皮を包丁の背でそぎ落とす。
② ①を厚さ約5mmの輪切りにし、水に2分浸してアクを抜く。
③ 沸騰した湯で約7分ゆでる。
④ 砂糖、酢、醤油をよく混ぜ、③に合わせる。
⑤ 器に盛り、すりごまをかける。

小野英子(2009年度)

# お弁当にも野菜をたっぷり使いたい　秋冬編

生活習慣病を予防するために1日350g摂ろう

🍴 99kcal　Level ▶▷▷

栄養バランスもグッド
## 油揚げと水菜のサッと炒め

■ 材料
油揚げ1/2枚、水菜70g、小松菜2株(70g)、卵1/2個、砂糖小さじ1、べんり醤油(かつお節)小さじ1、いりごま小さじ1、菜種油小さじ1

■ 作り方
① 油揚げは幅5mmの細切りにし、水菜と小松菜は長さ5cmに切る。
② フライパンに菜種油をひいて中火で熱し、溶きほぐした卵を入れてスクランブル状にする。
③ ②に①と砂糖、べんり醤油を加え、中火でさっと炒める。
④ いりごまをかける。

野菜65g　塩分0.9g

🍴 39kcal　Level ▶▷▷

常備しておくと便利な切り干し大根
## きのこと切り干し大根のサラダ

■ 材料
切り干し大根10g、人参10g、舞茸1/4パック(25g)、しめじ1/4パック(40g)、椎茸1枚(15g)、ほうれん草40g、塩・こしょう　少々、ガーリックオイル* 小さじ1

■ 作り方
① きのこ類は根元を切り落とし、人参は千切りにする。
② 切り干し大根はさっとゆで、ほうれん草もゆでて、ともに長さ5cmに切り、水をしぼる。
③ フライパンにガーリックオイルをひいて中火で熱し、①を入れて2〜3分炒める。
④ ③に②を加え、塩、こしょう、ガーリックオイル(分量外)で味を調える。

＊ガーリックオイルは、オリーブ油100ccに、スライスしたニンニク2かけ(20g)を漬けて作ります。常温で1〜2週間は保存できます。

野菜28g　塩分0.4g

＊これらは、平成22年度南多摩保健医療圏　課題別地域保健医療推進プラン「健やかな食生活のための環境整備事業」の一環として、本学の学生有志が東京都の南多摩保健所と町田保健所と協働で考案したレシピです。

104kcal　Level ▶▷▷

冷めても美味しい
# とんぴら

■ 材料
ごぼう 10cm(75g)、人参 1/8 本(25g)、豚もも肉 50g、唐辛子少々、水 1/2 カップ(100cc)、酒小さじ 2、みりん・砂糖・醤油・ごま油各小さじ 1

■ 作り方
① ごぼうは長さ 5cm 前後の千切りに、人参も千切りにする。
② 豚肉は細切りにし、酒小さじ 1 をまぶしておく。
③ 中華鍋か底の厚い鍋にごま油をひいて中火で熱し、小口切りにした唐辛子を入れて炒める。
④ ③に②を加え、中火で火が通るまで炒める。
⑤ ④に①を加え、強火で 2〜3 分炒める。
⑥ 水、酒小さじ 1、みりん、砂糖、醤油を加え、水気がなくなるまで煮る。

野菜 50g　塩分 0.4g　高次広子(2003年度)

65kcal　Level ▶▷▷

海草もたっぷり
# ひじきの煮物

■ 材料
干しひじき 20g、人参 10g、小松菜 20g、ゆで大豆 1/5 カップ(26g)、砂糖小さじ 1、醤油小さじ 2、ごま油小さじ 1

■ 作り方
① ひじきは水で戻し、小松菜は沸騰した湯に塩小さじ 1(分量外)を入れて、ゆでておく。
② 人参は短冊切りにする。
③ 厚手の鍋にごま油をひいて中火で熱し、ひじき、人参、大豆の順で加えて、2〜3 分炒める。
④ 砂糖と醤油を加えて、5〜6 分煮る。
⑤ 火を止める直前に小松菜を加えて、さっと煮る。

野菜 15g　塩分 1.1g　遠入由貴(2008年度)

12kcal　Level ▶▷▷

簡単で低カロリー
# チンゲン菜の生姜あえ

■ 材料
チンゲン菜(中) 1 束(100g)、おろし生姜小さじ 2、醤油小さじ 1、塩少々

■ 作り方
① 鍋に湯をわかし、沸騰したら塩小さじ 1(分量外)を加えて、チンゲン菜を入れ、再び沸騰するまでゆでる。
② ①を冷水に入れてさっと洗い、水をしぼって長さ 4cm に切る。
③ ②におろし生姜、醤油、塩を加えて、あえる。

野菜 70g　塩分 0.6g　成田真弓(1999年度)

教育農場の野菜と仲間たち

恵泉女学園大学
教育農場
有機JAS認定取得
有機認定圃場
認定番号：01-043
認定機関：NPO法人
有機農業推進協会
認定日：2001年8月4日
生産工程管理責任者：
生活園芸Ⅱ

# My Kitchen Garden を夢見て

　「自然とともに暮らす」をテーマに、園芸を生かして豊かな暮らしを創るために必要な方策を身につける「生活園芸Ⅱ」。この授業では、レシピカードに加えて、「My Kitchen Garden」と称した年間栽培計画書の作成が最終到達目標です。学生たちは、将来、自分で野菜を育てて食べる生活を送る日が来ることを夢見て、計画書をつくります。なぜ、「家庭菜園」ではなく、kitchen Garden なのか。それは、ヨーロッパのように、菜園の中に食べものだけでなく、人の目を楽しませる花や彩りも加えてほしいからです。それも、人が食べられる花で。

　「生活園芸Ⅰ」の野菜畑は、2人一組で0.9㎡(0.6m×1.5m)区画が3カ所。一方、生活園芸Ⅱでは、2～3人で4㎡(2m×2m)の区画を管理します。生活園芸Ⅰでは区画ごとに栽培作物が異なりますが、生活園芸ⅡではこのⅠ区画の中でいろいろな種類の野菜やハーブ類を栽培するのです。そのため、太陽がどこを通るのか、植えた野菜がどれくらい大きくなるのか考えながら、苗を植えたり、タネを播かなければなりません。1年間に栽培する野菜は50品目以上に及びます。

　畑に入れる堆肥も、毎年落ち葉を集めてつくります。園芸を生かして豊かな暮らしを創るために必要な方策を身につける基本は土づくり。身近なところにある資源を活用し、本来あるべき循環する暮らしを学ぶために、堆肥づくりはとても重要です。

　限られた時間のなかで、園芸大好きの学生たちは一生懸命に頑張りますが、すべての野菜が立派に育ってくれるわけではありません。それでも、自分でタネから育てた野菜だから、小さなものも、ちょっと使いづらそうなものも、無駄にしないで使いたい。そんな思いがレシピからも感じられたでしょう。

学生のオリジナルレシピカードと履修生全員のレシピを小冊子にした My Recipe。履修生に毎年配布している。

教育農場のキッチンガーデンでは、アメリカンインディアンの伝統的な混作「スリーシスターズ」(トウモロコシ＋カボチャ＋インゲン)も実践している。

# Part 3

# デザートも手作りで

毎年、学生が創るレシピには
デザートがたくさん登場します。
お金さえ出せば何でも手に入る
便利な時代だからこそ、
身近な野菜を使って自分でデザートを作り、
家族や友人と一緒に味わってみませんか。
豊かな暮らしを送るコツは、
こんなところにもあります。

674kcal | Level ▶▶▷

ハーブの香りがひきたつ
# ローズマリーとタイムのケーキ

■ 材料
（直径15cmの型または焼き皿1枚分）
薄力粉　50g
ベーキングパウダー　小さじ1/4
バター　50g
砂糖　30g
卵　1個
ローズマリー　5cm
タイム　10cm

＊標準的な大きさのパウンド型で焼きたいときは、材料をすべて5倍にしてください。

■ 作り方
① ボウルに室温に戻したバターを入れ、泡立て器でクリーム状になるまで練り、砂糖を加えて、ふんわりとするまで混ぜる。
② ①に溶きほぐした卵を加えて、さらに混ぜる。
③ 薄力粉とベーキングパウダーを合わせてふるい、②に加える。
④ 茎からはずしたローズマリーの葉とタイムの葉（半分）を入れて、ゴムベラでぽってりとツヤが出るまで混ぜる。
⑤ 型にバター（分量外）をぬり、薄力粉（分量外）をふって余分な粉を落としたら、④の生地を流し入れ、平らにする。
⑥ 160～170℃に温めたオーブンで約15分、きつね色になるまで焼く。

岡井綾子（2004年度）

186kcal/個 | Level ▶▶▷

沖縄の伝統的なお菓子もカンタン、手作りで

# ローズマリー入りちんすこう

■ 材料（小さな握りこぶし大6個分）
薄力粉　100g
砂糖　75g
ショートニング　50g
ローズマリー　7cm

■ 作り方
① ボウルに砂糖とショートニングを入れ、砂糖の固まりがなくなるまで、よく混ぜる。
② ①に、ふるっておいた薄力粉を入れ、よく混ぜ合わせる。
③ ②に、茎からはずして細かく切ったローズマリーの葉を加え、さらによく混ぜる。
④ ③を6等分し、一つひとつ手のひらにのせ、ギュッと形をつくる。
⑤ 天板にオーブンシートをしき、④を指1本以上の間隔を空けて並べ、180℃に温めたオーブンで約15分焼く。

安谷屋美紀（2005年度）

120kcal/枚 | Level ▶▶▷

ドライトマトとチーズ入り
# バジルクッキー

■ 材料(約20枚分)
[生地]
薄力粉 200g
バター 120g
砂糖 50g
卵 1個
[具材]
バジルの葉 2枚
　(乾燥バジル小さじ1で代用可)
半ドライミニトマト 50g
　(ミニトマトを横に切り、100℃に温めたオーブンで1時間半〜2時間焼く。P13の方法で作ればオーブン不要。)
粉チーズ 100g
塩 少々

平 睦未(2001年度)

■ 作り方
① ボウルに室温に戻したバターを入れ、泡立て器でクリーム状になるまで練る。
② ①にふるっておいた砂糖を2〜3回に分けて入れながら、よく混ぜる。
③ ②に溶きほぐした卵を入れて、さらに練る。
④ ③にみじん切りにしたバジルの葉と半ドライミニトマト、粉チーズ、塩を入れる。
⑤ ④にふるっておいた薄力粉を入れて、ゴムベラでツヤが出るまで混ぜる。
⑥ ⑤をラップの上で3〜5cm角の棒状にして、冷蔵庫で約1時間ねかせる。
⑦ 固まったら厚さ5mmくらいに切り、180℃に温めたオーブンで15〜20分焼く。

94kcal/枚 Level ▶▶▷

一度に2種類を作ってみました

# エゴマクッキー
# ジンジャークッキー

■ 材料(各15枚分)
薄力粉　130g
エゴマ　2g
おろし生姜　大さじ1
バター　80g
塩　ひとつまみ
砂糖　50g
卵黄　2個

■ 作り方
① ボウルに室温に戻したバターと塩を入れ、泡立て器でクリーム状になるまで練る。
② ①にふるっておいた砂糖を2〜3回に分けて入れ、卵黄を加えて、よく混ぜる。
③ ②にふるっておいた薄力粉を加え、全体になじませる。
④ 生地を2つに分けて、1つにエゴマを、もう1つに軽くしぼったおろし生姜を入れて、よく混ぜる。
⑤ ④を薄力粉(分量外)をふった台の上で5〜6mmにのばし、好みの型で抜いたあと、天板の上に並べ、180℃に温めたオーブンで15分焼く。

(寺岡久美子(2006年度))

🍳 187kcal | Level ▶▶▷

> 卒業後学んだニュージーランドのホームステイ先で教えてもらったレシピを紹介します。
> 坂井明子（1999年度）

ニュージーランド仕込みの本格派、軽いスナックにも最適

# ブルーベリーマフィン

■ 材料（25cm角の天板1台分）
生ブルーベリー　50g
　（冷凍で代用可）
薄力粉　80g
ベーキングパウダー　小さじ1½
バター　75g
はちみつ　大さじ1½
卵　1個
豆乳　大さじ1½
ヨーグルト　大さじ2
りんご　1/4個（75g）
レモン汁　1/4個分

■ 作り方
① 鍋にバターを入れ、弱火で溶かし、火を止める。
② ①にはちみつを加えて、よく混ぜる。
③ ②に溶きほぐした卵を少しずつ加え、よく混ぜる。
④ ③に豆乳、ヨーグルト、粗みじん切りにしたりんご、レモン汁の順に加え、混ぜる。
⑤ 薄力粉とベーキングパウダーは、合わせてふるっておく。
⑥ ④に⑤を少しずつ加え、木ベラで切るようにさっくりと混ぜ、ブルーベリーを加える。このとき混ぜすぎないのがコツ。
⑦ オーブンシートをしくか、バター（分量外）をぬった平型の天板に流し込み、180℃に温めたオーブンで約25分焼く。
⑧ 焼き上がったら、5〜7cm角の大きさに切り分ける。

🍳 24kcal　Level ▶▷▷　　　🍳 31kcal　Level ▶▶▷

夏バテにはこれが一番
# 赤じそジュース

■ 材料（原液4～5杯分）
赤じその葉　10枚
水　1/2カップ（100cc）
砂糖　大さじ3
酢　小さじ1/2

■ 作り方
① 鍋に水を入れ、沸騰したら赤じその葉を入れて、3分半たったら火を止め、2～3分置く。
② ①から赤じその葉を取り出して、ザルなどでこした後、砂糖と酢を入れて、よく混ぜる。
③ 空きビンなどに移して、冷蔵庫で冷やす。
④ 5～6倍に薄めて飲む。

＊原液は冷蔵庫で数カ月保存可。好みに合わせて炭酸や氷を加えても美味しいです。

大久保翼（2007年度）

色が鮮やかで美しい
# 赤じそのゼリー

■ 材料（4人分）
赤じそジュース　100cc
ゼラチン　5g
水　1 1/2カップ（300cc）

■ 作り方
① 小さい鍋にゼラチンと水50ccを入れ、5分ぐらい静置してから弱火にかけ、混ぜながら溶かす。
② 赤じそジュースに、水250ccを加える。
③ ②に①を入れてよく混ぜ、グラスに入れて、冷蔵庫で固まるまで冷やす。

＊グラスの中央にしその実などを飾ってもよい。

碇　俊美（2008年度）

🍳 43kcal | Level ▶▶▷

ミニトマトの色のバリエーションが楽しい

# トマトジュレの
# ひんやりデザート

■ 材料（2杯分）
赤のミニトマト　8個（100g）
黄色のミニトマト　4個（50g）
ゼラチン　10g
水　1/2カップ（100cc）
ミントの葉　2〜4枚
黄色のミニトマト（飾り用）　2個（25g）

　＊好みで、ソーダで割ったり、グラニュー糖をかけてもよいです。

荒井祐子（2012年度）

■ 作り方
① 赤のミニトマトと黄色のミニトマトを別々に5〜6秒ミキサーにかけ、別々のボウルに入れておく。
② 小さい鍋にゼラチンと水を入れ、5分くらい静置してから弱火にかけ、混ぜながら溶かす。
③ ①に②を赤2対黄色1の割合で入れ、よく混ぜて、冷蔵庫で冷やす。
④ 固まったらフォークですくい、下に黄色、上に赤がくるようにしてグラスに入れる。
⑤ 飾りに、ミントの葉と半分に切った黄色のミニトマトを添える。

🍽 183kcal | Level ▶▶▷

> 大学院の研究で取り組んだゴーヤの緑のカーテン。その実を使って作りました。
> 小林ひかる（2012年度）

苦いゴーヤも美味しく楽しめる、作りたてをどうぞ

# ゴーヤスムージー（ゴーヤのジュース）

■ 材料（2杯分）
ゴーヤ（大） 1本（300g）
りんご 2個（600g）
はちみつ 小さじ2
水 1カップ（200cc）
レモン 1/2個

＊冷やして飲みたい場合は、③に氷を1～2個加えてミキサーにかけるとよい。
＊りんご以外にも、バナナ、モモ、ブドウなどの果物、トマトなどの旬の野菜を加えた、オリジナルのスムージーもおすすめです。

■ 作り方
① ゴーヤは半分に切り、スプーンで種とわたを取り出し、ミキサーで粉砕しやすい大きさに切る。
② 皮をむき芯を取ったりんごも同様に、粉砕しやすい大きさに切る。
③ ①と②を合わせてミキサーにかけ、はちみつと水を加えて、さらにミキサーにかける。
④ さらりとした液体状になったら、味を見て、必要があればはちみつや水（分量外）を加えて、甘みや濃さを調整し、最後にレモンをしぼる。

# 1

ちょっとオシャレに

## かぼちゃのチーズケーキ

224kcal　Level ▶▶▶

■ 材料（直径18cmの型1台分）
かぼちゃ（中）　1/4個（250g）
クリームチーズ　125g
砂糖　70〜80g
生クリーム　1/2カップ（100cc）
ミントの葉　適量

■ 作り方
① かぼちゃは皮をむいて種とわたを取り出し、約3cm角の乱切りにして、鍋で軟らかくなるまでゆで、ゆであがったら湯を捨てる。
② ①とクリームチーズ、砂糖、生クリームを一緒にミキサーにかける。
③ ②をオーブンシートを敷いた型に流し込み、170℃に温めたオーブンで30分焼く。
④ 型から取り出して6等分に切り分け、生クリーム（分量外）とミントの葉を飾る。

＊少し焦げている部分があると、香ばしくて美味しいです。

# 2

身体も心も温まる

## 生姜ホットミルク

128kcal　Level ▶▷▷

■ 材料（2杯分）
生姜　1かけ（10g）
牛乳　1 1/2カップ（300cc）
はちみつ　小さじ2
（好みで）シナモンパウダー　適量

■ 作り方
① 生姜をすりおろす。
② 鍋に①と牛乳、はちみつを入れ、加熱する。
③ 大きめのマグカップに入れ、好みでシナモンパウダーをかける。

1

2

佐藤悠子(2003年度)＋伊藤実枝子(2010年度)

205kcal Level ▶▶▷

230kcal Level ▶▶▷

野菜の甘味がうれしい
## かぼちゃのアイス

■ 材料（6人分）
かぼちゃ（中）　1/5 個（200g）
牛乳　1 カップ（200cc）
生クリーム　1 カップ（200cc）
砂糖かはちみつ　適量
塩　少々

■ 作り方
① かぼちゃは種とわたを取り出し、皮をむかずに約 3cm の乱切りにし、蒸し器で箸が通るくらいまで 15〜20 分蒸す。
② ①と牛乳をミキサーにかける。
③ 生クリームをボウルに入れ、固めに泡立てる。
④ ②と③を混ぜ合わせ、砂糖かはちみつで好みの甘さにして、塩で味を調える。
⑤ バットなどに入れて、冷凍庫で冷やす。少し固まりかけてきたら、30〜40 分に 1 回、合計 3 回スプーンでかき混ぜると、なめらかに出来上がる。
⑥ 容器に盛り付け、好みでミントの葉などを飾り、生クリーム（分量外）をかける。

溝口 史（2000年度）

主役を代えて、作ってみました
## さつまいものアイス

■ 材料（6人分）
さつまいも（中）　1 本（200g）
牛乳　1 カップ
生クリーム　1 カップ（200cc）
砂糖かはちみつ　適量
塩　少々

■ 作り方
① さつまいもは、皮をむかずに約 3cm の乱切りにし、蒸し器で箸が通るくらいまで 10〜15 分蒸す。
② ①と牛乳をミキサーにかける。
③ 生クリームをボウルに入れ、固めに泡立てる。
④ ②と③を混ぜ合わせ、砂糖かはちみつで好みの甘さにして、塩で味を調える。
⑤ バットなどに入れて、冷凍庫で冷やす。30〜40 分に 1 回、合計 3 回スプーンでかき混ぜると、なめらかに出来上がる。
⑥ 容器に盛り付け、好みでミントの葉などを飾り、生クリーム（分量外）をかける。

204kcal | Level ▶▷▷

生落花生を使って、ちょっとぜいたくに
# 豆もち風 落花生の みたらしあんかけもち

■ 材料（2人分）
ゆで落花生（殻なし）　10粒
切りもち　2個
片栗粉　大さじ2
みたらしあん：べんり醤油（かつお節）大さじ1、水大さじ2、砂糖小さじ2、片栗粉小さじ2

■ 作り方
① ゆで落花生は、包丁で粗くきざんでおく。
② 小さい鍋にみたらしあんの材料を入れて混ぜ、弱火でさらによく混ぜながら加熱し、透明になったら火を止める。
③ 切りもちは4等分してひたひたの水の入った鍋に入れ、軟らかくなるまで2～3分ゆでる。
④ ③に①の1/3を加え、しゃもじでつくように混ぜる。
⑤ 平らな皿に片栗粉をしき、その上で④を食べやすい大きさに丸める。
⑥ 器に盛ったもちに②をかけ、①の残りを散らす。

益子夕希枝（2011年度）

# ハーブのある暮らし

### 沸騰したてのお湯を注ぐのがコツ
## ハーブティー

Level ▶▷▷

■ 材料（たっぷり2人分）
ミントの葉　5～6枚
レモンバームの葉　5～6枚
熱湯　2½カップ（500cc）

■ 作り方
① 温めたティーポットに、ミントとレモンバームの葉を入れ、熱湯を注ぐ。
② 約3分で、淡く黄緑色になったら、出来上がり。

### ハーブだけより飲みやすい
## ハーブ入り紅茶

Level ▶▷▷

■ 材料（たっぷり2人分）
ミントの葉　3～4枚
レモンバームの葉　3～4枚
紅茶の葉　茶さじ3（小さじ1½）
熱湯　2½カップ（500cc）

■ 作り方
① 温めたティーポットにミント、レモンバーム、紅茶の葉を入れ、熱湯を注ぐ。
② 約3分で出来上がり。

### 作っておくと、とっても便利
## ハーブオイル

Level ▶▷▷

■ 材料
ローズマリー、オレガノなど　10cm程度
オリーブ油　100cc

■ 作り方
① ふた付きのビンに、水洗いして乾したローズマリーやオレガノなど好みのハーブとオリーブ油を入れ、ふたをする。
② 1日1回はビンをゆすって混ぜながら、約1週間置く。

---

### ハーブの活用

ハーブを栽培している人が増えています。でも、それを活用できている人は少ないようです。ミント、レモンバーム、オレガノ、ローズマリー、タイムなどがあると、料理のレパートリーが広がります。ぜひハーブを育てて、豊かなクッキングライフを楽しんでください。

澤登早苗（教員）

料理の味をひきたてる
# ハーブソルト

■ 材料
ローズマリー、タイム、オレガノ、塩　適量

■ 下準備
ローズマリー、タイム、オレガノを水にくぐらせてから、天日で乾燥させる。

■ 作り方
① 乾燥させたローズマリー、タイム、オレガノを細かく切る。
② 塩をフライパンで炒る。
③ ①と②が1：1(体積比)となるように混ぜ合わせる。

お弁当のおかずにも最適
# 肉もやし炒め
# ローズマリー風味

■ 材料
豚ロース肉　30g
ゆで筍　40g
もやし　1/2袋(50g)
ローズマリーの葉　5〜6枚(好みで加減)
塩・こしょう　少々
オリーブ油　大さじ1

■ 作り方
① 筍は長さ約5cmの千切りにする。
② フライパンにオリーブ油をひいて熱し、豚肉を強火で炒める。
③ ①、もやし、ローズマリーの順で加えて中火で炒め、塩・こしょうで味を調える。

もう一品加えたいときに
# ジャガイモ炒め
# バジル風味

■ 材料
ジャガイモ(中)　1個半(225g)
バジル　4枚
塩　小さじ1/5
こしょう　少々
オリーブ油　小さじ2

■ 作り方
① ジャガイモを短冊切りにする。
② フライパンにオリーブ油をひいて熱し、①に火が通るまで強火でよく炒める。
③ 塩・こしょうで味を調え、手で2〜3cm程度にちぎったバジルを加えて、中火で軽く炒める。

Level ▶▷▷

67kcal　Level ▶▷▷

123kcal　Level ▶▷▷

＊肉もやし炒めローズマリー風味とジャガイモ炒めバジル風味は、平成22年度南多摩保健医療圏 課題別地域保健医療推進プラン「健やかな食生活のための環境整備事業」の一環として、本学の学生有志が東京都の南多摩保健所と町田保健所と協働で考案したレシピです。

# ■大学の教育農場の栽培カレンダー

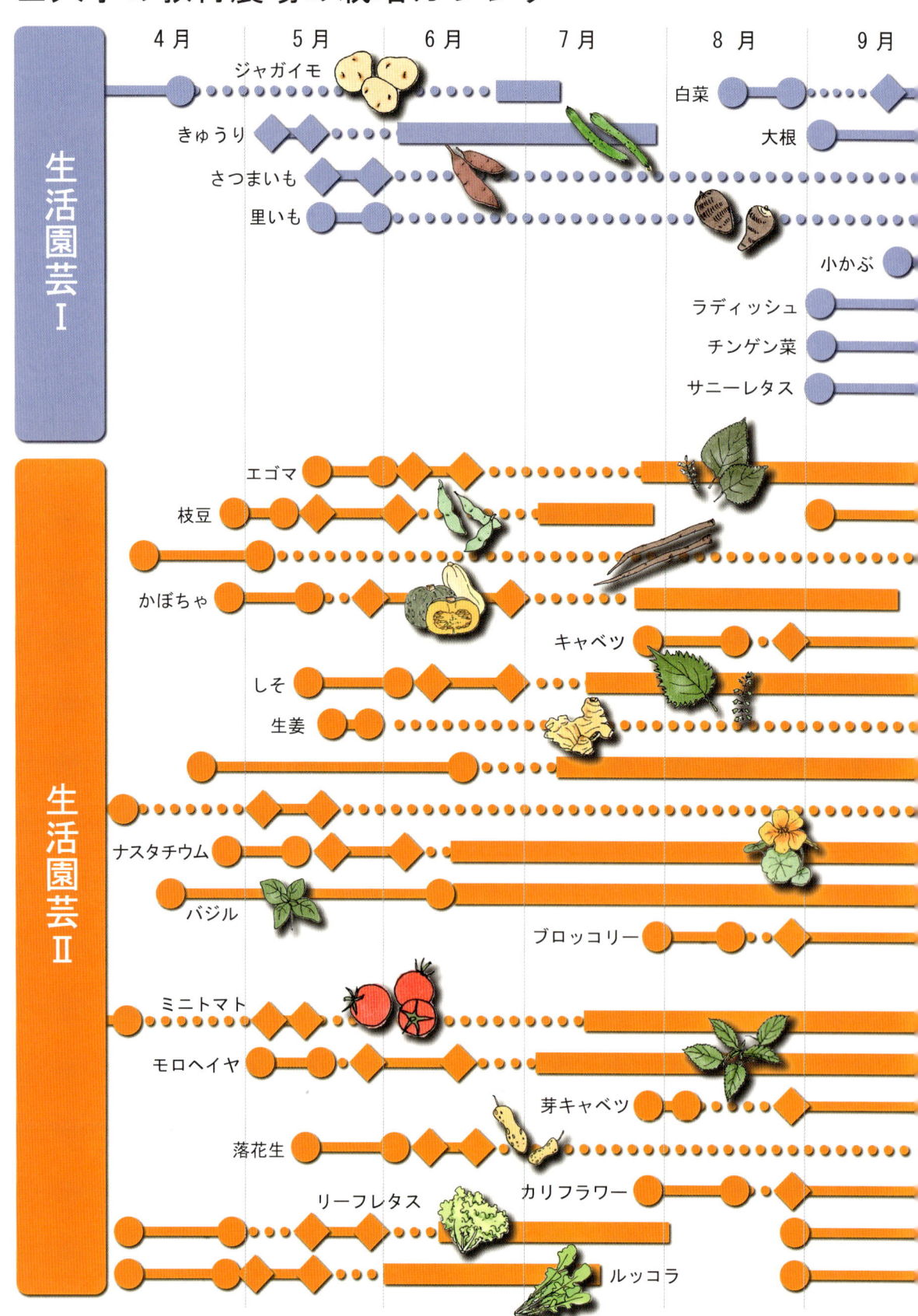

|  | 4月 | 5月 | 6月 | 7月 | 8月 | 9月 |
|---|---|---|---|---|---|---|

**生活園芸Ⅰ**
- ジャガイモ
- きゅうり
- さつまいも
- 里いも
- 白菜
- 大根
- 小かぶ
- ラディッシュ
- チンゲン菜
- サニーレタス

**生活園芸Ⅱ**
- エゴマ
- 枝豆
- かぼちゃ
- キャベツ
- しそ
- 生姜
- ナスタチウム
- バジル
- ブロッコリー
- ミニトマト
- モロヘイヤ
- 芽キャベツ
- 落花生
- カリフラワー
- リーフレタス
- ルッコラ

播種（種まき） 定植（植え付け） 収穫

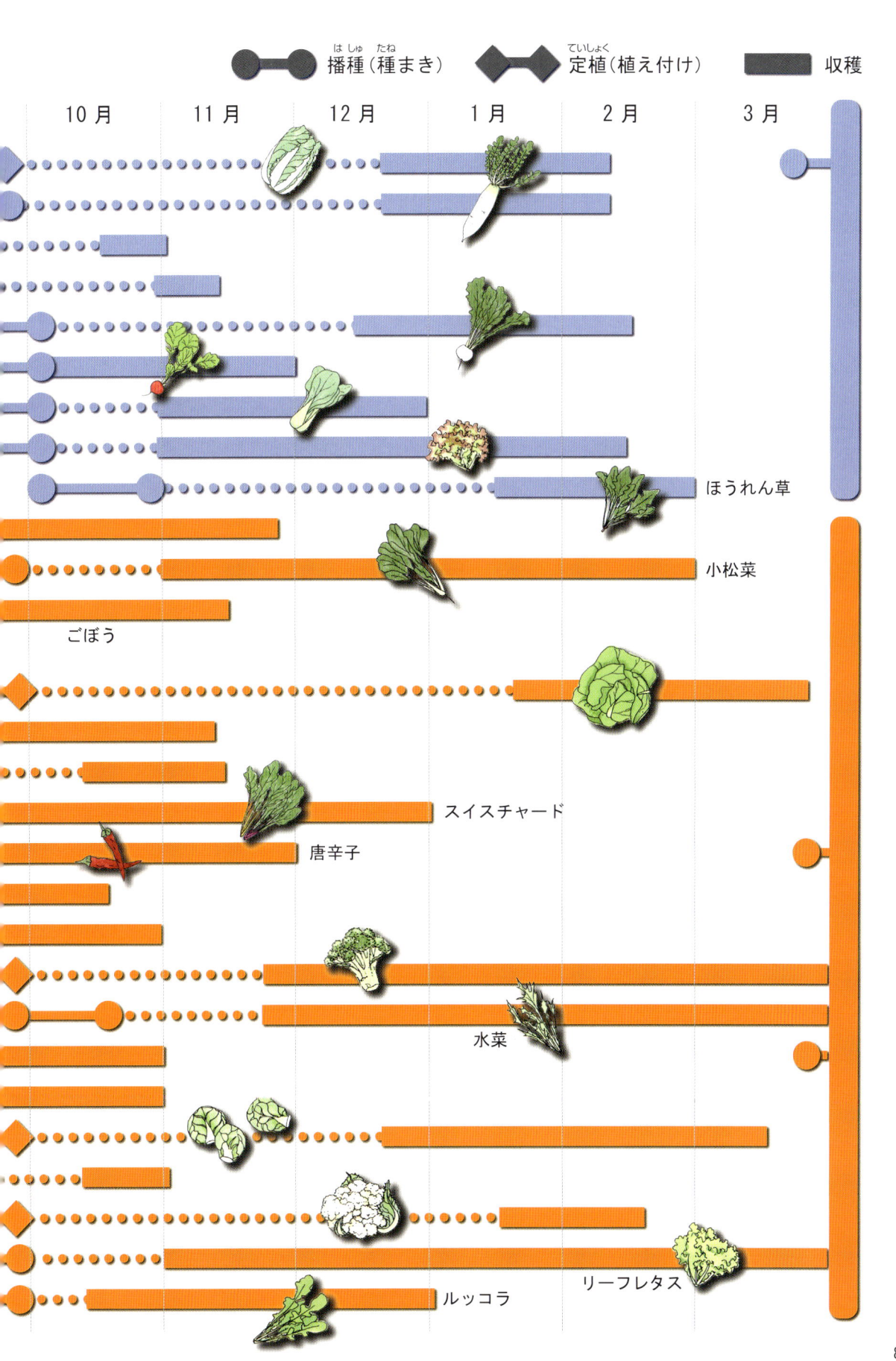

10月　11月　12月　1月　2月　3月

ほうれん草
小松菜
ごぼう
スイスチャード
唐辛子
水菜
リーフレタス
ルッコラ

83

# 野菜素材引きインデックス

## あ

●イタリアンパセリ
里いもハンバーグラディッシュのおろし添え 48
●エゴマ
亀さん風鶏のエゴマヨ焼き 18
エゴマの葉の醤油漬け 31
エゴマクッキー 71
●枝豆
枝豆のスープ 23
●オレガノ
ハーブオイル 80
ハーブソルト 81

## か

●かぼちゃ
ベジタブルカレー 26
かぼちゃのタルトなしキッシュ 43
かぼちゃの炊き込みご飯 56
かぼちゃ粥 57
かぼちゃのチーズケーキ 76
かぼちゃのアイス 78
●キャベツ
モロヘイヤ水餃子 24
キャベツの千切りハーブ風味 61
●きゅうり
干しきゅうりとドライミニトマトの炒め物 13
きゅうりのピクルス 31
●ゴーヤ
ゴーヤスムージー（ゴーヤのジュース） 75
●小かぶ
ベジタブルカレー 26
小かぶのスープ 53
●ごぼう
ジャガイモのすいとん 25
里いもハンバーグラディッシュのおろし添え 48
ごぼうのおひたし 61
とんぴら 63
●小松菜
おいなり三色巻き煮 55
小松菜のピーナッツ白あえ 60
油揚げと水菜のサッと炒め 62
ひじきの煮物 63

## さ

●さつまいも
さつまいものアイス 78
●里いも
里いもと牛肉のトマト煮込み 41
里いもハンバーグ ラディッシュのおろし添え 48
里いもとごぼうと厚揚げの煮物 50
●さやいんげん
厚揚げのオイスター炒め 35
里いもとごぼうと厚揚げの煮物 50

●しそ
しその実の味噌味常備菜 32
赤じそジュース 73
赤じそのゼリー 73
●ジャガイモ
ノンフライポテトコロッケ 16
ジャガイモのすいとん 25
ジャガイモ炒めバジル風味 81
●生姜
生姜の焼きおにぎり 30
白菜と豚肉の生姜はさみ蒸し 54
ジンジャークッキー 71
生姜ホットミルク 76
●スイスチャード
フランス風サンドイッチ 14
スイスチャードのごまあえ 15
スイスチャード入り夏野菜炒め 15

## た

●大根
ジャガイモのすいとん 25
大根もち 45
きのこと切り干し大根のサラダ 62
●タイム
キャベツの千切りハーブ風味 61
ローズマリーとタイムのケーキ 68
ハーブソルト 81
●玉ねぎ
枝豆のスープ 23
ベジタブルカレー 26
カレーベース 27
里いもと牛肉のトマト煮込み 41
ほうれん草のキッシュ 42
スコッチベジタブル 46
小かぶのスープ 53
●チンゲン菜
プルコギ 44
チンゲン菜の生姜あえ 63
●トマト
トマトの冷製パスタ 20

## な

●長ねぎ
干しきゅうりとドライミニトマトの炒め物 13
ジャガイモのすいとん 25
ミニトマトのねぎだれかけ 33
大根もち 45
里いもハンバーグラディッシュのおろし添え 48
●なす
スイスチャード入り夏野菜炒め 15
なすとピーマンの味噌炒め 35
●ナスタチウム
ナスタチウム・ミニトマト・ホタテのカルパッチョ 12
●ニラ

モロヘイヤ水餃子　24
ニラの納豆あえ　33
プルコギ　44
●人参
夏野菜のサラダパフェ　19
ジャガイモのすいとん　25
ベジタブルカレー　26
カレーベース　27
人参とパプリカのサラダ　35
プルコギ　44
里いもハンバーグラディッシュのおろし添え　48
おいなり三色巻き煮　55
小松菜のピーナッツ白あえ　60
きのこと切り干し大根のサラダ　62
とんぴら　63
ひじきの煮物　63

## は

●白菜
白菜と豚肉の生姜はさみ蒸し　54
●バジル
ナスタチウム・ミニトマト・ホタテのカルパッチョ　12
フランス風サンドイッチ　14
バジトマの卵焼き　17
トマトの冷製パスタ　20
バジルご飯　21
ミニトマト・チーズ・ベーコンのドーナツ　29
かぼちゃのタルトなしキッシュ　43
バジルクッキー　70
ジャガイモ炒めバジル風味　81
●パプリカ
人参とパプリカのサラダ　35
厚揚げのオイスター炒め　35
●ピーマン
スイスチャード入り夏野菜炒め　15
ピーマンとミニトマトのケーキ　29
なすとピーマンの味噌炒め　35
●ブロッコリー
ベジタブルカレー　26
スコッチベジタブル　46
●ほうれん草
ほうれん草のキッシュ　42
チキンサラダローズマリー風味　47
ほうれん草スープ　52
ほうれん草のクレープ　58
きのこと切り干し大根のサラダ　62

## ま

●水菜
生ハムの水菜巻き　40
簡単恵泉焼き　51
油揚げと水菜のサッと炒め　62
●ミニトマト
ナスタチウム・ミニトマト・ホタテのカルパッチョ　12

干しきゅうりとドライミニトマトの炒め物　13
フランス風サンドイッチ　14
バジトマの卵焼き　17
夏野菜のサラダパフェ　19
ピーマンとミニトマトのケーキ　29
ミニトマト・チーズ・ベーコンのドーナツ　29
ミニトマトの米粉パン（おから入り）　29
ミニトマトのピクルス　31
ニラの納豆あえ　33
ミニトマトのねぎだれかけ　33
チキンサラダローズマリー風味　47
バジルクッキー　70
トマトジュレのひんやりデザート　74
●ミント
トマトジュレのひんやりデザート　74
かぼちゃのチーズケーキ　76
ハーブティー　80
ハーブ入り紅茶　80
●もやし
モロヘイヤ水餃子　24
プルコギ　44
肉もやし炒めローズマリー風味　81
●モロヘイヤ
モロヘイヤのスープ　22
モロヘイヤ水餃子　24

## ら

●落花生（ピーナッツ）
小松菜のピーナッツ白あえ　60
豆もち風 落花生のみたらしあんかけもち　79
●ラディッシュ
里いもハンバーグラディッシュのおろし添え　48
ラディッシュの簡単甘酢漬け　59
ラディッシュの漬け物 2種　59
●ルッコラ
フランス風サンドイッチ　14
簡単恵泉焼き　51
●レタス（サニーレタス）
夏野菜のサラダパフェ　19
大根もち　45
簡単恵泉焼き　51
●レモンバーム
ハーブティー　80
ハーブ入り紅茶　80
●ローズマリー
チキンサラダローズマリー風味　47
キャベツの千切りハーブ風味　61
ローズマリーとタイムのケーキ　68
ローズマリー入りちんすこう　69
ハーブオイル　80
ハーブソルト　81
肉もやし炒めローズマリー風味　81

おわりに

　近年、いくつもの企業や大学で、レシピ本が出版されています。大学に農場がある恵泉女学園大学でも、学生たちが育てた有機野菜を主役にしたオリジナルレシピをまとめたいとひそかに考えてきました。それが実現して、本当にうれしく思っています。

　出版が決まってからは大変な日々でした。私たちが慣れてきた一般書籍の制作とは大きく異なるからです。たくさんのレシピから取り上げる料理を選択し、専門カメラマン、デザイナー、スタイリスト、調理スタッフ、アシスタントを確保し、集中的に料理をつくり、撮影を行わなければなりません。当然、カロリー計算や栄養面での配慮も必要です。

　材料の調達にも気を配りました。野菜は大半を教育農場の収穫物でまかない、野菜以外の材料も「オーガニック・カフェ」の理念に反しない栽培や飼育をしているものを選んでいます。

　一方、撮影を完成直後の「南野オーガニック・カフェ」で行うことができたのは非常に幸せでした。恵泉やさいやオーガニック・カフェの活動にかかわっている在校生たちも、本づくりに参加できたからです。

　本書は、学生や教職員有志のみならず、その友人・知人も含め、恵泉女学園につながる多くの方たちの献身的な協力なしには完成できませんでした。栄養関係の学科がないため、この分野で活躍している大勢の友人・知人に助けていただきました。とくに、タイトなスケジュールのなかで編集・制作をしてくださったコモンズの大江正章さん、撮影を担当してくださった大学の専属カメラマンでもある鈴木徹さん、素敵なレイアウト・装丁をしてくださった月乃南さんには、お礼申しあげたいと思います。

　そして、授業を通じてたくさんの素晴らしいレシピを考案した学生たちに心から感謝し、この本を捧げたいと思います。

　最後になりましたが、本書が一人ひとりの食を豊かにし、人と人とをつなげ、誰もが真に豊かで幸せに暮らす永続的な社会をつくるために少しでも役立つことを願ってやみません。

　2013年1月

澤登早苗

〈著者紹介〉

　1929年創立の恵泉女学園は、創立者河井道が提唱した教育理念のもとに、自然を慈しみ、世界に心を開き、平和の実現のために貢献できる女性を育てています。6年一貫教育の中学・高校は東京都世田谷区船橋、2学部6学科の大学と2研究科の大学院は東京都多摩市南野にあり、「聖書」「国際」「園芸」が教育の3つの礎です。

　http://www.keisen.ac.jp

| | |
|---|---|
| 監修 | 澤登早苗 |
| 撮影 | 鈴木 徹（アートスタジオスズキ） |
| 本文デザイン・装丁 | 月乃 南（クローゼット） |
| 調理協力 | 生沼千明、菊地牧恵、来島泰史、小林ひかる、栄和子、豊岡敏子、豊岡直子、長尾恵子、長岡有美、中村可乃子、波多真友子、 |
| スタイリング | 深作美南子、米川さゆり、 |
| 栄養指導・カロリー計算 | 恵泉女学園大学学生有志 |
| イラスト作成協力 | 井本佳子、光金和未<br>北川みどり<br>水谷明香 |

---

恵泉女学園大学のオーガニック・カフェ

2013年2月10日・第1刷発行

著　者……恵泉女学園大学

　　Ⓒ 恵泉女学園大学, 2013, Printed in Japan.

発行者……大江正章

発行所……コモンズ

　　東京都新宿区下落合1-5-10-1002

　　TEL03-5386-6972　FAX03-5386-6945

　　振替 00110-5-400120

　　info@commonsonline.co.jp

　　http://www.commonsonline.co.jp/

印刷………東京創文社

製本………東京美術紙工

乱丁・落丁はお取り替えいたします。

ISBN 978-4-86187-100-9 C 5077

## ◆コモンズの本◆

|  |  |  |
|---|---|---|
| ごはん屋さんの野菜いっぱい和(なご)みレシピ | 米原陽子 | 1500円 |
| おいしい江戸ごはん | 江原絢子・近藤惠津子 | 1600円 |
| 自然の恵みのやさしいおやつ | 河津由美子 | 1350円 |
| 郷土の恵みの和のおやつ | 河津由美子 | 1400円 |
| エコ・エコ料理とごみゼロ生活 | 早野久子 | 1400円 |
| 乾物 Every Day | サカイ優佳子・田平恵美 | 1600円 |
| 米粉食堂へようこそ | サカイ優佳子・田平恵美 | 1500円 |
| シェフが教える家庭で作れるやさしい肴 | 吉村千彰 | 1600円 |
| 子どもを放射能から守るレシピ77 | 境野米子 | 1500円 |
| 放射能にまけない！簡単マクロビオティックレシピ88 | 大久保地和子 | 1600円 |
| 教育農場の四季　人を育てる有機園芸 | 澤登早苗 | 1600円 |
| 無農薬サラダガーデン | 和田直久 | 1600円 |
| わたしと地球がつながる食農共育 | 近藤惠津子 | 1400円 |
| 感じる食育 楽しい食育 | サカイ優佳子・田平恵美 | 1400円 |
| 半農半Xの種を播く　やりたい仕事も、農ある暮らしも | 塩見直紀ほか編著 | 1600円 |
| 土から平和へ　みんなで起こそう農レボリューション | 塩見直紀ほか編著 | 1600円 |
| 有機農業の技術と考え方 | 中島紀一・金子美登・西村和雄編著 | 2500円 |
| 有機農業選書1 地産地消と学校給食　有機農業と食育のまちづくり | 安井孝 | 1800円 |
| 有機農業選書2 有機農業政策と農の再生　新たな農本の地平へ | 中島紀一 | 1800円 |
| 有機農業選書3 ぼくが百姓になった理由(わけ)　山村でめざす自給知足 | 浅見彰宏 | 1900円 |
| 都会の百姓です。よろしく | 白石好孝 | 1700円 |
| 耕して育つ　挑戦(チャレンジ)する障害者の農園 | 石田周一 | 1900円 |
| 農力検定テキスト | 金子美登・塩見直紀ほか | 1700円 |
| 放射能に克つ農の営み　ふくしまから希望の復興へ | 菅野正寿・長谷川浩編著 | 1900円 |
| 食べものと農業はおカネだけでは測れない | 中島紀一 | 1700円 |
| いのちと農の論理　地域に広がる有機農業 | 中島紀一編著 | 1500円 |
| 有機農業の思想と技術 | 高松修 | 2300円 |
| 食農同源　腐蝕する食と農への処方箋 | 足立恭一郎 | 2200円 |
| 有機農業で世界が養える | 足立恭一郎 | 1200円 |
| 有機農業が国を変えた　小さなキューバの大きな実験 | 吉田太郎 | 2200円 |
| 天地有情の農学 | 宇根豊 | 2000円 |
| みみず物語　循環農場への道のり | 小泉英政 | 1800円 |
| いのちの秩序 農の力　たべもの協同社会への道 | 本野一郎 | 1900円 |
| 幸せな牛からおいしい牛乳 | 中洞正 | 1700円 |
| 本来農業宣言 | 宇根豊・木内孝・田中進・大原興太郎ほか | 1700円 |
| パーマカルチャー(上・下)　農的暮らしを実現するための12の原理 | D・ホルムグレン著 リック・タナカほか訳 | 2500円 |
| 生物多様性を育む食と農　住民主体の種子管理を支える知恵と仕組み | 西川芳昭編著 | 2500円 |
| 農家女性の社会学　農の元気は女から | 靏理恵子 | 2800円 |
| 農業聖典 | アルバート・ハワード著／保田茂監訳／魚住道郎解説 | 3800円 |
| 脱原発社会を創る30人の提言 | 池澤夏樹・坂本龍一・池上彰・小出裕章・飯田哲也・田中優ほか | 1500円 |
| 原発も温暖化もない未来を創る | 平田仁子編著 | 1600円 |